Joan Lingard lebte bis zu ihrem 18. Lebensjahr in Belfast. Sie machte eine Ausbildung als Lehrerin, zog nach Edinburgh und wurde freie Autorin. Ihr siebtes Buch, »Der zwölfte Juli«, wurde im In- und Ausland, und auch in Nordirland selbst, ein so großer Erfolg, daß sie die Geschichte von Sadie und Kevin in dem Band »Über die Barrikaden« fortsetzte.

Von Joan Lingard sind in den Ravensburger Taschenbüchern außerdem erschienen:
RTB 4058   Über die Barrikaden (vorher RTB 1742)
RTB 4094   Ein friedlicher Ort

Joan Lingard

DER ZWÖLFTE JULI

Eine Geschichte aus Nordirland
Mit einem Nachwort von Wieland Giebel

Aus dem Englischen
von Cornelia Krutz-Arnold

Otto Maier Ravensburg

Für
Kersten, Bridget und Jennifer

Als Ravensburger Taschenbuch Band 4056
(vorher RTB 1735)
erschienen 1990

Die Originalausgabe erschien 1970
bei Hamish Hamilton Children's Books, London
unter dem Titel »The twelfth day of July«
© 1972 by Joan Lingard

Die deutsche Erstausgabe erschien 1985
in der Ravensburger Jungen Reihe
© 1987 für die deutsche Textfassung
Ravensburger Buchverlag Otto Maier GmbH

Umschlagillustration: Marlis Scharff-Kniemeyer

Alle Rechte dieser Ausgabe vorbehalten durch
Ravensburger Buchverlag Otto Maier GmbH
Gesamtherstellung: Ebner Ulm
Printed in Germany

6 5 4 3   95 94 93

ISBN 3-473-54056-0

Inhalt

DER SIEBTE JULI

Es war der siebte Juli. Nur noch fünf Tage bis zum »Glorreichen Zwölften«. Sadie und Tommy Jackson strichen die Tage im Kalender an, der innen an der Küchentür hing.

Ihr Vater war bester Laune. Er hatte seine zwei Wochen Urlaub genommen und war gerade aus der Kneipe zurückgekommen. Die Abendzeitung zusammengefaltet auf den Knien, saß er auf seinem Stuhl und lächelte den Kindern zu. Ihm fiel ein, wie er sie, als sie noch klein waren, immer auf den Schoß genommen und mit ihnen geredet hatte. Plötzlich beugte er sich vor und stellte ihnen eine Frage.

»Wer ist der gute Mann?«

Sie ließen sich von seiner Stimmung mitreißen. »King Billy*«, riefen sie begeistert im Chor.

»Worauf reitet King Billy?«

»Auf einem weißen Pferd.«

»Wo steht das weiße Pferd?«

»In Orange Hall.«

---

* Wilhelm von Oranien, der am 12. 7. 1690 in der Schlacht an der Boyne den endgültigen Sieg der Protestanten über die katholischen Iren errang. Siehe auch S. 170: »Warum wird King Billy so verehrt?«

»Wo ist Orange Hall?«

»In der Sandy Row.«

»Und«, Mr. Jackson senkte die Stimme, »wer ist der böse Mann?«

»Der Papst!« kreischten sie und hüpften auf dem alten Sofa auf und ab.

»Weg mit dem Papst!« brüllte Tommy.

Mr. Jackson lehnte sich zurück, sehr zufrieden mit sich und seinen Kindern. Er hatte sie gut unterrichtet – sie wußten die richtigen Antworten.

»Schert euch nur ja von dem Sofa herunter«, sagte die Mutter, die weniger zufrieden war. »Wo sollen wir denn das Geld herkriegen, wenn ihr's kaputtmacht? Von eurem Dad bestimmt nicht, soviel ist mal sicher. Sein halber Lohn bleibt in der Kneipe, bevor er damit überhaupt nach Hause kommt.«

»Aber Aggie, so was kannst du wirklich nicht behaupten.« Mr. Jackson lächelte unvermindert weiter. Er geriet nie in Wut; das überließ er seiner Frau. »Eine Flasche Guinness, mehr habe ich gar nicht gehabt.«

Sie schnaubte durch die Nase, nahm ein Ei und schlug es heftig am Pfannenrand auf. Es zischte, als das Ei in die Pfanne fiel.

»Riecht lecker«, sagte Sadie. »Ich bin am Verhungern.« Sie schlich sich hinter ihrer Mutter vorbei und versuchte ein Stück Speck zu erwischen. Mrs. Jackson haute ihr mit dem Bratenwender auf die Finger. Dann teilte sie Speck, Eier und in der Pfanne gebratenes Kartoffelbrot auf die vier Teller aus, die neben dem Herd standen. Sadie war zumute, als müßte sie sterben, wenn sie nicht auf der Stelle etwas in den Magen bekam. Der Duft füllte die ganze Küche.

Tommy betrachtete verlangend die beiden Eier auf dem Teller seines Vaters.

»Wie alt muß ich sein, um zwei Eier zu kriegen?«

»Fünfzehn. Wenn du arbeitest und Geld nach Hause bringst.«

»Noch ein Jahr.« Tommy seufzte. »Ich könnte aber jetzt schon zwei Eier gebrauchen.«

»Du behinderst sein Wachstum«, sagte Sadie.

»Halt dich mit deinen Frechheiten etwas zurück, mein Fräulein. Na, komm jetzt, hier ist dein Essen.«

Tommy und Sadie fielen gierig über die Teller her und fegten sie in Minutenschnelle leer. Dann nahmen sie ein paar Scheiben Brot aus der Packung am Tisch und strichen Marmelade drauf.

»Kein Wunder, daß ich arm bin«, sagte Mrs. Jackson, »wenn ich euch sattkriegen soll.«

»Ach, gib doch Ruh', Aggie«, sagte Mr. Jackson. »Du hast aber auch immer was zu nörgeln.«

Sie schnaubte.

»Du hast auch immer was zu schnauben«, sagte Sadie und duckte sich, als ihre Mutter die Hand hob. Sadie war Expertin im Ducken.

»Du bist doch das unverschämteste Gör der ganzen Straße...«

Sadie floh aus der Küche. Ihr Brot nahm sie mit. Sie ging um die Hausecke herum und lehnte sich gegen die

Hausmauer. Ihr Haus war das letzte der kleinen Reihenhäuser, die Rücken-an-Rücken-Häuser genannt wurden, weil sie an die Häuser in der Straße dahinter angebaut waren. Es waren Backsteingebäude, inzwischen von Rauch und Ruß geschwärzt, die nach vorne zu direkt zur Straße führten. Kein Gärtchen. Sadie machte das nichts aus. Ihr gefiel die Straße: voller Lärm und immer etwas los. Gärten gehörten zu den Dingen, von denen sie in Büchern las oder die sie manchmal vom Bus aus sah. In dieser Gegend von Belfast hatte niemand einen Garten.

Sie sah über die Dächer hinweg, die im rechten Winkel zu den Dächern in ihrer Straße verliefen, bis ihr Blick an der hoch in den Himmel hineinragenden Schiffswerft hängenblieb. Ihr Vater arbeitete in der Werft, und auch Tommy würde dort arbeiten, wenn er fünfzehn war. Er würde Schiffe bauen, die über die ganze Welt fuhren, über den Atlantik und den Pazifik, nach New York, San Francisco, Rio de Janeiro... Sadie kaute jetzt langsamer. Sie würde auf diesen Schiffen fahren. Sie sah sich die weiße Gangway hinaufgehen und oben stehenbleiben, um ihrer Familie zuzuwinken, die sich unten am Kai versammelt hatte; dann würde sie den Kopf einziehen und in eine andere Welt eintreten.

»Was träumst du denn?« fragte Tommy, der um die Hausecke kam. Er wischte sich mit dem Handrücken den Mund ab.

»Ach, nichts.«

Sadie richtete sich auf. Sie hatte an der Flanke von King Billys weißem Pferd gelehnt. An ihrer Hausmauer war ein prächtiges Gemälde von Wilhelm von Oranien und seinem berühmten weißen Pferd. Die ganze Straße war stolz darauf. Und unter dem Bild standen die mitreißenden Worte: WIR ERGEBEN UNS NICHT! Das war zum Gedenken an die Schlacht am Fluß Boyne im Jahr 1690, in der die protestantischen Truppen von Wilhelm von Oranien die Katholiken unter der Führung von Jakob II. vernichtend schlugen. Jedes Kind wußte davon, und am beliebtesten war die Geschichte, wie Derry belagert worden war. Dreizehn junge Lehrlinge hatten die Tore von Derry gegen die katholischen Soldaten geschlossen. Jakob II., überzeugt davon, daß sich die Stadt ergeben müßte, begab sich selbst zur Stadtmauer und verlangte die Übergabe. Aber die protestantischen Einwohner von Derry stellten sich an der Mauer auf und riefen: »Wir ergeben uns nicht!«

»Ich kann's bis zum ›Zwölften‹ kaum noch erwarten«, sagte Tommy. Das war der protestantische Feier- und Gedenktag. Tommy würde in der Parade mitmarschieren und Flöte spielen. Es war das erstemal für ihn, und ihm schwoll die Brust vor Stolz, wenn er daran dachte. Er stellte sich vor, daß er *Dolly's Brae* spielte, eines der Lieder, das an diesem Tag ertönen würde, von Kapelle um Kapelle gespielt, während sie durch die meilenlangen Straßen der Stadt zogen, bis sie am Finaghy-Feld außerhalb der Stadt anlangten. Dort würden sich Tausende versammeln, essen, trinken und feiern und sich die Reden anhören, die sie in ihrem protestantischen Glauben bestärkten.

> »Im Jahre neunundvierzig, als der zwölfte Juli kam,
> Tausend unsrer Orangemen* schlossen sich zusamm',
> Marschierten zum Gedenken an King Williams Siegestag
> Gemeinsam über Dolly's Brae und durch Lord Rodens Park.«

Zu seinem Gesang legte Tommy einen flotten Tanz aufs Pflaster.

»Das wird ganz große Klasse«, sagte Sadie. »Nur noch fünf Tage bis dahin!«

Sie würde als Tambourmajorin mitgehen und dazu ein Kostüm aus purpurrotem Samt anziehen. Der Rock war kurz und gebauscht, die Jacke dazu paßte ihr haargenau. Mrs. McElhinney, die eine Straße weiter wohnte, hatte ihr das Kostüm genäht. Stundenlang hatte Sadie stillgehalten, während Mrs. McElhinney vor ihr kniete, mit Stecknadeln im Mund und dem Zentimetermaß um den Hals. Sadie verabscheute Stillstehen. Aber bei einem solchen Anlaß! Wenn sie vom langen Stehen Seitenstechen bekam, hatte sie an die Lehrlinge von Derry gedacht.

Sie stelzte den Bürgersteig auf und ab und stellte sich vor,

---

* Mitglieder der protestantischen Organisation »Orange Order«, benannt nach Wilhelm von Oranien (»William of Orange«).

daß sie das kurze Purpurröckchen anhatte. Dazu würde sie weiße Stiefel tragen und sich ihr langes blondes Haar mit einer purpurroten Schleife zusammenbinden.

»Du gibst vielleicht an«, sagte Tommy. »Man könnte glatt glauben, daß du die Hauptattraktion der Parade wärst!«

Sadie streckte ihm die Zunge raus. »Wetten, daß du falsch spielst?«

»Hey, da kommen Steve und Linda.«

Steve und Linda wohnten ein Stück weiter oben in der Straße.

»Wir holen uns Girlanden bei Mrs. McConkey«, sagte Linda. »Kommt ihr mit?«

Sadie und Tommy liefen neben ihnen her. Der Laden von Mrs. McConkey war in der Parallelstraße, die an die Rückwand ihrer Häuser anschloß.

Es herrschte lebhafter Betrieb. Kleine Kinder kauften Brausebonbons für einen Penny und Zwei-Penny-Lollis, ältere holten sich Cola und Kartoffelchips. Zwei dicke Frauen lehnten über der Theke und tauschten Klatschgeschichten aus. Dazwischen kamen ein paar Männer um Zigaretten. Sie gingen an der Schlange der Wartenden vorbei und reichten Mrs. McConkey über die Köpfe der Kinder hinweg das Geld.

Die Jacksons und ihre Freunde schubsten sich durch, bis sie an der Theke waren, und schafften es, sich zwischen den Bonbongläsern und den Comics von letzter Woche, die noch nicht verkauft worden waren, mit den Ellbogen aufzustützen.

»Ja?« Mrs. McConkey sah Linda an, die das Geld in der Hand hatte.

»Wir hätten gern Girlanden. Von den besten!«

»Bei mir gibt's nur die besten.« Mrs. McConkey stellte eine Schachtel mit Papiergirlanden auf den Ladentisch. Sie hatten die britischen Nationalfarben: rot, weiß und blau. Die vier Köpfe neigten sich darüber.

»Unsere Straße sieht wunderschön aus, findet ihr nicht auch?« fragte Mrs. McConkey.

»Unsere wird noch schöner«, sagte Sadie.

»Das könnte dir so passen!« rief jemand von hinten im Laden. »Unsere Straße ist die beste weit und breit!«

»Das werden wir ja sehen«, sagte Tommy.

»Wollen wir wetten?«

Die anderen Kinder im Laden traten beiseite und ließen den Jungen durch, der das gerufen hatte. Er war groß und rothaarig und mindestens zwei Jahre älter als Tommy. Angriffslustig streckte er das Kinn vor.

»Jetzt ist aber Schluß mit dem Unsinn hier in meinem Laden«, sagte Mrs. McConkey. »Als erstes geht ihr Kinder mal nach draußen. Ihr haltet ja mein ganzes Geschäft auf. Und eine arme Witwe muß zusehen, wie sie sich ihr Essen verdient.« Sie verschränkte die Arme unter ihrem mächtigen Busen. Ihr Essen war bestimmt nicht leicht zu verdienen: Sie futterte und naschte den ganzen Tag. »Raus!« befahl sie.

Linda nahm das Dekorationsmaterial und ging, gefolgt von Sadie und den beiden Jungen. Der rothaarige Junge kam als letzter.

»Ihr wollt also wetten, ja?« sagte er. »Schaut euch das mal an!«

Sie sahen sich in seiner Straße um. Überall hingen Girlanden von Haus zu Haus. Fast vor jedem Fenster wehte der Union Jack, die britische Nationalflagge. Auf Hausmauern und Türen klebten Bilder von der königlichen Familie. Quer über die Straße waren Transparente gespannt: WIR ERGEBEN UNS NICHT. ES LEBE KING BILLY. IN TREUE VEREINT. Es war tatsächlich höchst beeindruckend.

»Doch«, sagte Tommy. »Ich würde wetten.« Um es dem anderen Jungen gleichzutun, streckte auch er das Kinn vor.

»Zehn Shilling?«

»Gemacht.«

»Gut, die Wette gilt.«

»Wer soll denn entscheiden, welche Straße schöner ist?« fragte Linda.

Einen Augenblick lang waren sie still.

»Wir könnten den Pfarrer fragen«, schlug Sadie dann vor.

»Okay«, sagte der rothaarige Junge. »Aber wir erzählen ihm nichts von den zehn Shilling.«

Die Jacksons, Steve und Linda kehrten zu ihrer eigenen Straße um.

»Ihr habt keine Chance!« rief der rothaarige Junge hinter ihnen her. »Eure Straße sieht doch lausig aus!«

»Und du bist ein richtiger Depp«, schrie Sadie zurück. Dann nahmen sie die Beine in die Hand und machten, daß sie wegkamen.

Als sie beim Haus der Jacksons ankamen, blieben sie
stehen und lehnten sich an die Hausmauer, um ihre
Taktik festzulegen. Sie würden von Tür zu Tür gehen und
die Leute aufrütteln, ihnen klarmachen, was sie ihrer
Straße schuldig waren. Die meisten waren sich dessen
bewußt, aber manche waren alt, und manche waren faul.
Bei den Alten und Faulen würden sie für Ausgleich
sorgen müssen und die Häuser selbst herausputzen.

»Damit kommen wir aber nicht weit.« Linda hielt den
Papierschmuck hoch.

»Und wir haben kein Geld«, sagte Tommy düster. Am
vorigen Samstag hatte er alles, was er besaß, für eine
Schallplatte ausgegeben, außer seiner Rücklage für Not-
fälle, aber bevor er die anrührte, mußte schon etwas ganz
Besonderes passieren.

»Wo willst du denn dann die zehn Shilling hernehmen?«
fragte Steve.

»Die wird er nicht brauchen«, sagte Sadie entschieden.

»Hoffentlich hast du recht«, meinte Tommy.

»Klar hab ich recht.« In Sadies Stimme klang Verachtung
mit. »Wir müssen eben etwas Geld zusammenkriegen.«

»Das ist leichter gesagt als getan«, sagte Steve.

»Wenn die Lehrlinge von Derry auch so gedacht hätten«,
sagte Sadie, »dann hätten die Stadtmauern den Micks*
nicht standgehalten.«

»Wenn du alles besser weißt, dann sag uns doch mal, was
wir tun sollen!«

* Schimpfwort für Katholiken

»Ich denke ja gerade darüber nach.« Beim Nachdenken lief sie auf dem Bürgersteig hin und her.

»›Pro-Job-ein-Shilling‹ ist immer eine Möglichkeit«, sagte Tommy.

»Ach, hier in der Gegend haben die Leute schon die Nase voll davon«, sagte Steve. »Außerdem will jetzt keiner Geld rausrücken, weil sie alle für neue Klamotten für den ›Zwölften‹ sparen.«

»Nicht alle«, widersprach Sadie. »Ein paar haben sicher noch einen Shilling übrig. Und wir werden den Preis senken. Jeder Job kostet nur noch Sixpence. Wir klappern das ganze Viertel ab und fragen nach Arbeit. Natürlich wird das eine Schufterei. Wieder so wie früher, als Kinder in die Bergwerke geschickt wurden. Aber für eine gute Sache muß man schon mal Opfer bringen!«

NIEDER MIT KING BILLY

Die Familie McCoy wohnte ein paar Straßen von den Jacksons entfernt. Auch in ihrer Straße reihten sich kleine Backsteinhäuser aneinander, aber alles war kahl und farblos. Um die Kamine waren keine Girlanden gewunden, von den Fenstern im Obergeschoß hingen keine Union Jacks. Es war eine katholische Straße.

»Hoffentlich hören die bald auf zu trommeln«, sagte Mr. McCoy gereizt. Er saß in Hemdsärmeln in der Küche und las die Zeitung. Dabei ließ er sie lauter rascheln, als nötig gewesen wäre, legte sie neu zusammen, strich energisch die verknitterten Seiten glatt. »Sie gehen mir auf die Nerven. Das tun sie nur, um uns zu ärgern.«

»Hör doch einfach nicht hin«, sagte seine Frau, die sich gerade einen großen Berg Bügelwäsche vornahm. »Ich laß mich von denen nie aus der Ruhe bringen.«

»Du kannst deine Ohren aber auch vor allem verschließen!«

Mrs. McCoy spuckte auf das Bügeleisen. Es zischte. Sie nahm ein Hemd von dem Stapel und breitete es auf der versengten Decke aus, die sie über den Tisch gelegt hatte. Der Hemdkragen und die Manschetten waren ausgefranst, aber das Hemd würde noch eine Weile halten müssen. Es gab sieben Kinder in der Familie.

»Könntest du nicht die Hintertür zumachen?« fragte Mr. McCoy.

»An einem so warmen Abend muß ein bißchen Luft herein. Wenn ich die Tür zumache, können wir nicht mehr atmen. Und bis ich mit dem Haufen hier fertig bin, wäre ich bei lebendigem Leib geröstet.« Mrs. McCoy sah in die Ecke hinüber, in die sich ihr zweites Kind gekauert hatte und las. »Warum gehst du nicht für eine Weile nach draußen, Brede? Das würde dir guttun. Es ist so ein schöner Sommerabend.«

»Ich lese lieber.« Brede hob nicht einmal den Kopf. Sie blätterte um.

»Los, raus«, sagte der Vater. »Alle anderen Kinder sind draußen auf der Straße.«

»Woher willst du das wissen? Du warst doch gar nicht draußen.«

»Ich kann sie aber hören. Sie und die Trommeln! Diese verdammten Lambeg-Trommeln. Das zusammengenommen, und man hat überhaupt keine Ruhe mehr am Abend.«

»Ich mache keinen Lärm.« Brede blätterte wieder um.

»Du ruinierst dir die Augen. Es ist nicht gut, den ganzen Tag lang die Nase in Büchern zu haben. Und du gehst jetzt nach draußen, wenn ich dir das sage!«

Brede schlug das Buch zu. Sie legte es ins Regal oben auf die Keksdose.

»Komm nicht so spät«, rief die Mutter ihr nach. »Sei vor Einbruch der Dunkelheit wieder da.«

Brede trat auf die Straße hinaus und ließ die Vordertür einen Spalt offen. Im Sommer wurde die Tür selten richtig zugemacht. Ein Junge schoß mit seinem Dreirad an ihr vorbei und wäre ihr beinahe über die Zehen gefahren. Ein paar Kinder spielten Himmel und Hölle, andere übten Seilspringen. »Eins, zwei, drei...«

Meistens fand Brede sich zum Seilspringen zu alt.

Auf dem Bürgersteig gegenüber stand ein Haufen Jungen beisammen, alles Teenager. Sie hingen nur rum und machten nichts – außer Lärm. Mitten unter ihnen entdeckte sie den dunklen Haarschopf ihres Bruders Kevin.

Sie rissen Witze und machten Bemerkungen über die drei Mädchen, die ganz in der Nähe lässig an einer Hausmauer lehnten und so taten, als achteten sie überhaupt nicht auf die Jungen. Die Mädchen waren schon aus der Schule, also zu alt für Brede.

Brede lehnte sich an die Wand von ihrem eigenen Haus. Der Himmel über den Dächern war blau. Ein paar weiße Federwölkchen segelten darüber. An einem solchen Abend mußte es schön sein auf dem Land. Bevor sie aus der Küche gewiesen worden war, hatte sie von Kindern gelesen, die auf einem Bauernhof wohnten. Sie stellte sich vor, daß sie zwischen hohen Hecken über ländliche Straßen spazierte und einen Feldblumenstrauß zusammenstellte...

»He, Brede!«

Sie sah sich um. Es war Kate, ihre beste Freundin.

»Du warst ja meilenweit weg. Mal wieder geträumt?«

Brede lachte. Kate träumte nie. Sie wollte immer etwas unternehmen und hielt nicht viel von Büchern. Aber sie kamen trotzdem gut miteinander aus.

»Ich habe Geld für Fritten«, sagte Kate. »Mein Dad hat mir Sixpence gegeben. Kommst du mit?«

»Ich habe aber kein Geld«, sagte Brede. Und es bestand auch keine Hoffnung, daß sie welches bekam. Kates Vater hingegen hatte ein Geschäft – er handelte mit Alteisen – und mußte mit Sixpencestücken nicht knausern. Er verteilte sie großzügig unter seinen Kindern.

»Ist doch egal«, sagte Kate. »Du kriegst von mir was ab.«

Sie hakten sich unter und gingen gemeinsam die Straße

entlang, wobei sie den Kreidestrichen von Himmel und Hölle und den wirbelnden Springschnüren der Seilhüpfer auswichen.

»Wenn ich reich bin, kauf ich dir jeden Tag eine Tüte voll Fritten«, sagte Brede. »Zum Ausgleich für all die, die du mir gekauft hast. Das Problem ist nur: Wie wird man reich?«

»Du könntest Alteisen kaufen und wieder verkaufen, wie mein Dad.« Kate lachte. »Ich hab gehört, wie er sagte, daß sich mit Schrott ein Vermögen machen ließe, wenn man's nur richtig anpackt.«

Im Pommes-frites-Geschäft war es voll und heiß. Die Lichter brannten. Kate und Brede stellten sich in der Schlange an.

Der Mann und die Frau hinter dem Ladentisch hatten tüchtig zu tun. Sie schüttelten und wendeten die Pommes frites, schaufelten sie dann in Tüten und gaben ordentlich Salz und Essig darüber. Schweiß rann ihnen übers Gesicht. Brede und Kate standen still in der Schlange. Sie sahen dem Mann und der Frau zu und betrachteten die brutzelnden braunen Pommes frites und die knusprigen, goldbraun gebratenen Fischstücke. Ihnen lief das Wasser im Mund zusammen.

Sie schoben sich in der Schlange nach vorn, bis sie die Arme auf die Theke legen konnten, gleich neben die Flaschen mit Soße und Essig. Kate hielt ihr Sixpencestück in die Höhe.

»Eine Minute noch«, sagte der Mann und hob einen Finger. »Jetzt kommt die nächste Ladung dran – wir müssen warten, bis die Fritten soweit sind.« Während er sprach, fuhr er sich mit den Händen über seinen bespritzten weißen Kittel. Er war Italiener und sprach mit starkem Akzent, lebte aber schon seit dreißig Jahren in Belfast.

»Die Fritten scheinen immer gerade dann auszugehen, wenn ich an der Reihe bin«, sagte Kate.

Die Tür wurde so heftig aufgerissen, daß alle sich umdrehten. Die Bande, zu der auch Bredes Bruder gehörte, fiel in den Laden ein.

»Nur nicht so grob«, sagte der Italiener scharf, »oder ihr verschwindet aus meinem Laden.«

Die Frau schüttelte den Drahtkorb mit den Pommes frites und entschied, daß sie jetzt gar waren. Sie machte die Tüte so voll, daß die Fritten schon fast wieder herausfielen.

»Salz und Essig?«

»Und Soße«, fügte Kate noch hinzu.

Sie nahm die heiße Tüte entgegen, und sie und Brede drückten sich aus dem Laden hinaus. Die Pommes frites waren so heiß, daß sie sie im Mund hin- und herschieben mußten, um sich nicht zu verbrennen. Der Geschmack war köstlich. Sie aßen schnell und blieben beim Essen stehen.

Hinter ihnen kamen die Jungen mit ihren Pommes-frites-Portionen aus dem Laden gestürmt.

»Hallo, Kevin«, sagte Kate zu Bredes Bruder. Sie mochte Kevin und schob sich jetzt unauffällig näher an ihn heran. Brede blieb mehr am Rand der Gruppe und wünschte sich, sie hätte Sixpence. Die Pommes frites hatten sie nur noch hungriger gemacht.

»Willst du 'ne Fritte?« Brian, Kevins Freund, hielt ihr seine Tüte hin.

»Nein... nein, danke.«

»Ach, mach schon. Sei nicht so schrecklich schüchtern.« Sie konnte spüren, daß sie rot wurde, aber es wurde schon dämmerig auf der Straße, so daß er es nicht bemerken würde. Wenn ein Junge mit ihr redete, wurde sie immer rot. Außer bei ihren Brüdern natürlich. Kate hielt sie deshalb für bekloppt, aber Brede konnte nichts daran ändern. Sie streckte die Hand aus und bediente sich aus Brians Tüte.

Die Gruppe schob sich weiter, auch Brede und Kate waren jetzt darunter. Kate kicherte und redete zu laut. Brede war ganz still.

»Kevin und ich haben eine Herausforderung angenommen«, berichtete Brian.

»Was sollt ihr machen?« fragte Brede schnell.

»Wir sollen ins Viertel der Prods* gehen und unter eins ihrer Wandmalereien ›Nieder mit King Billy‹ schreiben. Und wenn wir schon dabei sind, können wir den alten Knaben vielleicht noch ein bißchen anmalen.«

»Ihr seid ganz schön mutig, ihr beiden«, meinte Kate.

»Die bringen euch um«, sagte Brede.

»Dazu müssen sie uns aber erst mal haben, oder?« sagte Kevin.

* Schimpfwort für Protestanten

»Ja, ihr könnt ganz schön flitzen, alle beide«, bestätigte Brede.

»Wann wollt ihr's machen?« fragte Kate.

»Heute abend«, sagte Brian. »Wenn's richtig dunkel ist. Das dürfte nicht mehr lang dauern.«

»Mir wär's lieber, ihr würdet es lassen«, sagte Brede.

»Untersteh dich ja nicht, es Dad zu erzählen«, warnte Kevin.

»Sei nicht albern. Du weißt doch genau, daß ich euch nie verpetzen würde. Aber seid vorsichtig!«

Sie gingen bis ans Ende ihrer Straße und blieben dort in einem dichtgedrängten Haufen stehen. Die Jungen sprachen mit gedämpften Stimmen, als planten sie eine große militärische Operation. Man könnte meinen, sie wollten die Irische Bank ausrauben, dachte Brede. Sie zitterte jetzt ein wenig, als sie die kühle Nachtluft auf ihren bloßen Armen fühlte. Kate kicherte vor Aufregung.

Ein Polizist kam um die Ecke. Er blieb stehen, als er sie sah, und sprach sie an. Er war durchaus freundlich, aber sie trauten ihm nicht. Vorsichtig behielten sie ihn im Auge, immer auf dem Sprung, um jederzeit losrennen zu können, falls es sich als notwendig erweisen sollte.

»Na, Jungs, was ist hier denn los?«

»Zusammenkunft der IRA«, sagte ein pfiffiger Junge, der seinen Spaß daran hatte, Polizisten, Lehrern und allen anderen Leuten, die sich dafür anboten, mit Frechheiten zu kommen.

Alle lachten, sogar der Polizist, aber sein Lachen klang

hohl. Die IRA war die Irische Republikanische Armee, eine illegale Vereinigung, die dem Royal Ulster Constabulary* schon viel Mühe bereitete und auch schon Menschenleben gekostet hatte.

»Wir wollen nämlich die Albert Bridge sprengen.«

»Ja, ganz recht. Das kann ich mir so richtig vorstellen! Ihr würdet euch dabei eher selbst in die Luft sprengen!« Der Polizist ging seiner Wege.

»Man kann nie wissen«, sagte Kevin. »Klein anfangen, groß enden.«

Alles Geschwätz, dachte Brede. Aber irgendwie war es auch aufregend. Sie alle mochten ein bißchen Spannung und Gefahr, selbst Brede.

»Habt ihr die Farbe?« fragte jemand.

Brian ging weg, um die Farbtöpfe und außerdem noch zwei Pinsel aus seinem Hof zu holen, wo er sie zuvor versteckt hatte.

»Seht zu, daß ihr auch ordentlich groß schreibt«, sagte Kate.

»Nur keine Bange«, sagte Kevin. »Wenn Brian und ich etwas machen, dann machen wir's gründlich.«

Brian kam zurück. Er reichte Kevin einen Farbtopf und einen Pinsel. »Alles klar, Kev?«

»Alles klar.«

»Wir begleiten euch noch ein Stück«, sagte ein Junge. »Ihr Mädchen geht schon mal nach Hause. Bei so etwas haben Frauen nichts zu suchen.«

* Nordirische Polizei, besteht zu über 95% aus Protestanten

»Hoch die Rebellen!« rief ein anderer und erntete lauten Jubel.

»Mensch, seid doch still«, sagte Kevin. »Sonst kommt noch der Bulle zurück und schnüffelt um uns herum.« Die Jungen gingen los.

»Als ob sie wirklich die Albert Bridge in die Luft sprengen wollten!« sagte Brede verächtlich. »Wie großartig die sich vorkommen. Weil sie eine Wand vollschmieren wollen!«

»Aber eine protestantische Wand«, sagte Kate. »Du würdest dafür nicht Kopf und Kragen riskieren, oder?«

»Dazu wäre mir die Sache zu egal.«

»Also, ich finde Kevin jedenfalls unheimlich mutig. Du hast richtig Glück, daß du so einen tollen Bruder hast.«

»Er ist schon in Ordnung. Ein bißchen verrückt manchmal.« Brede stieß mit der Zehe gegen die Bordsteinkante. »Ich muß jetzt nach Hause.«

»Hoffentlich kommen sie zurück.«

»Natürlich kommen sie zurück.«

»Sie könnten auch zusammengeschlagen werden.«

»Daran wären sie dann aber selber schuld. Tschüß bis morgen, Kate.«

Brede ging die Straße entlang, die jetzt verlassen dalag. Die Kinder waren inzwischen alle zu Hause und hatten ihre Hüpfkästchen auf dem Pflaster für einen anderen Tag zurückgelassen. Es war still, aber von weither konnte sie immer noch das Geräusch der Lambeg-Trommeln hören. Sie übten bis spät in die Nacht hinein. Brede haßte den »Zwölften« und war froh, wenn er wieder vorbei war. Die Trommeln bereiteten ihr Unbehagen.

Sie kam zur Tür der McCoys und ging hinein.

»Da bist du ja«, sagte ihre Mutter, die gerade das Baby fütterte. »Ist Kevin nicht mit dir gekommen?«

»Nein.«

»Wo steckt er?«

Brede zuckte mit den Schultern. Verstohlen fuhr sie mit der Hand zum Regal hinauf und erwischte ihr Buch.

»Hast du ihn überhaupt gesehen?«

»An der Frittenbude. Wahrscheinlich kommt er gleich.«

Brede hielt das Buch hinter ihrem Rücken. Ihre Mutter setzte das Baby auf. Der Kleine rülpste, und ein dünner Milchfaden rann ihm aus einem Mundwinkel.

»Ab mit dir ins Bett.«

Brede stieg die schmale Treppe hinauf. In ihrem Zimmer lagen ihre drei jüngeren Schwestern und schliefen. Eine von ihnen schnarchte mit offenem Mund. Sie wartete darauf, daß sie ins Krankenhaus kam und man ihr die Mandeln herausnahm.

Brede legte ihr Kleid ab und zog sich das Nachthemd über den Kopf. Dann ging sie zum Fenster und kauerte sich dort hin, das Buch gegen das Fensterbrett gelehnt. Direkt vor ihrem Haus war eine Straßenlaterne. Da hatte sie Glück gehabt. Das Licht reichte gerade, um noch sehen zu können.

Während Brede las, wechselten Kevin und Brian aus dem katholischen ins protestantische Viertel. Sie waren jetzt allein und sprachen nicht miteinander. Sie traten nur mit den Ballen auf, und ihre Gummisohlen verursachten kaum ein Geräusch. Die Pinsel und Farbtöpfe steckten innen in ihren Jacken, von vorne stützten sie die Last mit den Händen. Ihnen war zumute, als trügen sie Dynamit.

EINE PROVOKATION

»Mach dein Licht aus, Sadie«, rief Mrs. Jackson die Treppe hinauf.

»Ja«, rief Sadie zurück, rührte sich aber nicht. Sie lag voll angezogen auf ihrem Bett und stellte eine Liste der möglichen Jobs zusammen.

1. Besorgungen machen
2. Höfe kehren
3. Auf kleine Kinder aufpassen
4. Messingbeschläge an Türen blankpolieren

Als sie ans Polieren dachte, rümpfte sie die Nase. Sie verabscheute Hausarbeit und würde Besorgungen immer noch lieber machen als alles andere, selbst wenn manche der alten Geizhälse fest entschlossen waren, für ihr Geld auch bis zum letzten Penny ihren Gegenwert zu kriegen, und einen mit einer ellenlangen Liste losschickten. Die alte Oma McEvoy zwei Türen weiter war darin ganz groß: Sie brachte es fertig, einen für zehn verschiedene

Sachen in zehn verschiedene Läden zu schicken, um jeweils ein, zwei Pennies zu sparen.

Mit einem scharrenden Geräusch ging die Küchentür wieder auf.

»Du sollst das Licht ausmachen!«

Diesmal setzte sich Sadie in Bewegung. Sie rutschte vom Bett herunter und löschte das Licht. Die Küchentür wurde wieder geschlossen.

Es war eine warme Nacht, und Sadie fühlte sich kein bißchen müde. Das Zimmer war klein und stickig. Sie machte das Fenster weit auf und lehnte sich mit den Armen außen auf das Fensterbrett.

Die Straße war jetzt still. Nichts bewegte sich außer den Girlanden, die sich sacht regten, wenn ein Windhauch sie streifte. Eine Katze kam vorbei, eine schwarze mit weißen Pfoten. Sie schlich dicht an den Häusern entlang. Sadie lehnte sich noch weiter aus dem Fenster und sah ihr nach. Es war die Katze von Oma McEvoy.

Als Sadie den Kopf wieder zurückzog, fing sie ganz oben am anderen Ende der Straße eine Bewegung auf. Sie hielt inne. Zwei Jugendliche kamen heran. Zwei Jungen, die leise auftraten und sich nicht einmal unterhielten. Sie waren etwa so groß wie Tommy. Sadie kannte alle Leute in dieser Gegend, aber diese beiden erkannte sie nicht. Als sie näher kamen und das Licht einer Straßenlaterne auf sie fiel, konnte Sadie endgültig sehen, daß es sich um Fremde handelte.

Sie beobachtete sie genau. Die beiden gingen unter ihrem Fenster vorbei und blieben an der Hausecke stehen. Für ein paar Sekunden verschwand der eine aus ihrem Blickfeld und kam dann wieder zu seinem Freund zurück. Sein aufgeregtes Flüstern klang zu Sadie hinauf. Sie hatte scharfe Ohren. Zu scharf, pflegte ihre Mutter zu sagen.

»Hier ist eins, ein gutes.«

Sadie runzelte die Stirn. Ein gutes?

Die Jungen verschwanden um die Hausecke. Sadie lauschte wieder und hörte ein leises Klatschen.

Sie ging durch die Verbindungstür in Tommys Zimmer hinüber. Er hatte noch seine Jeans und ein T-Shirt an und bastelte an einem Behälter für Modellflugzeuge.

»Tommy, an unserer Hausecke ist irgend etwas Komisches im Gange.«

»Was Komisches? Wovon redest du überhaupt?«

Sie erzählte ihm, was sie gesehen hatte. Er legte seine Bastelsachen hin und wischte sich die Hände seitlich an den Jeans ab. Zusammen traten sie auf den kleinen Treppenabsatz hinaus. Unter der Küchentür war ein schmaler Lichtstreifen zu sehen. Der Fernseher war an; von ihrem Platz aus konnten sie jedes Wort verstehen. Auf Zehenspitzen schlichen sie die Treppe hinunter und waren schnell draußen auf der Straße.

Jetzt war dieses Klatschen ganz deutlich zu hören. Tommy machte Sadie ein Zeichen, daß sie still bleiben sollte, preßte sich dann eng an die Hausmauer und schob sich bis zur Ecke vor. Er macht das genau richtig, dachte Sadie bewundernd. Sie hatten so etwas schon oft im Fernsehen gesehen.

Er drehte den Kopf ein winziges Stück zur Seite.

»Ihr dreckigen, stinkenden Micks!« brüllte er plötzlich und sprang hinter der Ecke hervor.

Sadie sprang ihm nach. Sie sah einen Farbtopf, der über den Bürgersteig gekippt war, NIEDER MIT KING BILLY in riesigen weißen Buchstaben quer über der Hausmauer und zwei Jungen, die um ihr Leben rannten.

»Los, hinterher!« rief Tommy.

Er trat genau in die Farbe, die sich aus der Büchse ergoß, rutschte aus und fiel der Länge nach auf den Rücken. Sadie hielt sich nicht damit auf, ihm beim Aufstehen zu helfen. Sie setzte den Jungen nach.

Sie war eine gute Läuferin, die beste in ihrer Klasse. Mit etwas Training könnte sie es noch weit bringen, hatte ihre Sportlehrerin gesagt. Sadie hatte daraufhin eine Zeitlang hingerissen davon geträumt, eine zweite Mary Rand zu werden, ein Goldmädchen. Auf dem Podest zu stehen und sich vorzubeugen, um eine Goldmedaille entgegenzunehmen, während die Menge im Stadion klatschte und jubelte…

Jetzt jubelte ihr niemand beim Rennen zu. Und sie dachte auch nicht an Medaillen und Olympische Spiele. Ihre Augen waren unverwandt auf die dunklen Gestalten gerichtet, die vor ihr herflitzten. Sie hatten nicht viel Vorsprung gehabt und rannten ungefähr im gleichen Tempo wie sie. Sadies Füße flogen mühelos, berührten den Boden nur flüchtig und gerieten nie ins Stocken, auch wenn der Bürgersteig Risse hatte oder die Bordsteinkante weggebrochen war.

Die beiden rannten zum katholischen Viertel hin. Es

waren Micks, wie Tommy gesagt hatte, daran bestand kein Zweifel. Und sie hatten ihren King Billy verschandelt! Sadie machte noch längere Schritte.

Noch zwei Straßen und die Jungen waren in Sicherheit. Als sie die erste Straße überquerten, glitt der eine Junge aus und ging mit einem Knie zu Boden. Der andere zögerte.

»Lauf weiter«, keuchte der Gestürzte, »es ist doch nur ein Mädchen.«

Der andere rannte weiter.

Von wegen nur ein Mädchen! Sadie schmiß sich auf ihn, als er aufstehen wollte. Ihr Gewicht brachte ihn erneut zu Fall. Er lag plattgedrückt auf dem Pflaster und schnappte nach Luft. Sadie saß rittlings über ihm und sah ihm ins Gesicht. Er hatte dunkle Augen und dunkles Haar, das ihm bis fast zu den Augenbrauen reichte.

Alle beide brauchten eine Weile, um nach dem raschen Lauf wieder zu Atem zu kommen. Dann sagte er: »Du bist ganz schön wild für ein Mädchen.«

»Ihr habt mich wild gemacht. Ihr habt unser Bild verschandelt!«

»Das soll man mit dem alten William auch machen!«

»Mit eurem blöden Papst aber erst recht!«

»Wir haben immerhin keine Bilder von ihm auf unseren Hausmauern.«

»Dafür habt ihr jede Menge Statuen in euren Kirchen.«

»Und was gibt's dagegen einzuwenden?«

»Götzenbilder!«

Er lachte. Es schien ihn nicht sonderlich zu stören, daß er

auf dem Rücken lag – auf protestantischem Boden. Sein Körper unter Sadie war ganz entspannt.

»Du hast vielleicht Nerven«, sagte sie. »Kommst einfach hier rüber – ganz schön unverschämt...«

»Ich wollte doch auch mal sehn, wie die andere Hälfte lebt. Die Unterprivilegierten.« Er lachte wieder. »Du tobst jetzt innerlich, was? Du mußt ja eine großartige kleine Loyalistin* sein und machst deiner Ma und deinem Dad bestimmt alle Ehre. Ich wette, daß du am ›Zwölften‹ mitmarschierst und dabei vielleicht noch mit einem kleinen Stöckchen herumwirbelst. Ha, ich kann's an deinem Gesicht sehen, daß ich recht habe.«

Sadie lauschte mit schräggeneigtem Kopf und hörte schnelle, rennende Schritte.

»Und ich glaube, daß jetzt mein Bruder Tommy kommt, um dich zusammenzuschlagen.«

»Ach ja?«

Plötzlich hob er die Hand und stieß Sadie an der Schulter zurück. Sie knallte mit dem Hinterteil aufs Pflaster. Er war frei.

»Du hast doch wohl nicht geglaubt, daß ein kleines Mädchen mich gefangenhalten könnte? Tschüß!«

Im Dauerlauf machte er sich davon, beeilte sich nicht einmal. Tommy kam keuchend über die Straße.

»Sind sie entkommen?«

»Einen hatte ich, aber ich konnte ihn nicht länger festhal-

* Der englischen Regierung treu ergeben

ten. Wenn du nur ein bißchen schneller gewesen wärst...«

»Ich kann nichts dafür. Meine Füße sind voller Farbe. Versuch du mal zu rennen, wenn du nasse Farbe an den Schuhsohlen hast. Ma bringt mich um, wenn sie meine Klamotten sieht.«

Sadie sah zur Hauptstraße hinüber, die das katholische und das protestantische Viertel voneinander trennte. Der Junge war jetzt auf der anderen Seite. Man konnte seine dunkle Gestalt gerade noch erkennen.

»Wir sollten jetzt zurückgehen und die Wand saubermachen«, sagte Sadie.

Sie humpelten heimwärts. Vor ihrer Hausmauer hatte sich eine Menschenmenge angesammelt. Mr. und Mrs. Jackson waren da und ein Polizist, und sogar die alte Oma McEvoy hatte ihr Bett verlassen, sich in ein graues Tuch gehüllt und war herausgekommen. Es wurde viel geredet, und laute Ausrufe ertönten.

»Was für eine furchtbare Schande!«

»Das sind richtige Frevler!«

»Dafür sollten sie ins Gefängnis kommen!«

»Und schaut euch nur unsern Tommy an«, sagte seine Mutter. »Den haben sie ganz vollgeschmiert!«

»Ich bin in die Farbe gefallen, Ma.«

»Du brauchst nichts zu vertuschen, mein Sohn. Wir können ja alle sehen, was mit dir passiert ist. Und du hast gar keinen Grund, dich zu schämen.«

»Gibt es irgendwelche Augenzeugen unter Ihnen?« fragte der Polizist.

»Vor etwa einer halben Stunde habe ich vier junge Männer die Straße entlanggehen sehen«, sagte eine Frau. »Das waren die, die das hier gemacht haben, ganz bestimmt. Große, kräftige Kerle. Sie schwankten beim Gehen.«

»Konnten Sie ihre Gesichter sehen?«

»Und ob! Zu dem Zeitpunkt habe ich nämlich gerade meine Milchflaschen vor die Haustür gestellt.«

»Ich habe alles gesehen«, sagte Sadie.

»Das stimmt«, sagte Tommy. »Und es waren nur zwei. Ungefähr so alt wie ich.«

Der Polizist wandte sich ihnen zu. Sie erzählten die ganze Geschichte. Die Menge rückte näher heran.

»Sie werden sie kriegen, nicht wahr, Herr Wachtmeister?« fragte Oma McEvoy.

»Das bezweifle ich.« Er steckte sein Notizbuch wieder ein und machte den Knopf an der Tasche zu. »Wie stellen Sie sich das denn vor? Daß ich rübergehe und nach zwei Jungen Ausschau halte, auf die die Beschreibung paßt? Ich würde sie nie im Leben finden. Und selbst wenn, dann würden ihre Mütter heilige Eide schwören, daß sie um acht Uhr in ihren Betten lagen und seither nicht wieder aufgestanden sind.«

»Sie haben Angst – das ist es!«

»Es gibt schon genug Schwierigkeiten. Und ich kann etwas Besseres mit meiner Zeit anfangen, als nach Bengeln mit Farbtöpfen zu suchen.«

Oma McEvoy zog ihr Tuch fester über den Schultern zusammen. »Als mein Mann jung war, hat er auf seiten der Ulster Volunteers* gekämpft. Er hat gekämpft, damit dieses Land protestantisch blieb. Die IRA hat aus dem Hinterhalt auf ihn geschossen, die Kugeln haben ihn nur um Millimeter verfehlt...«

»Das mag ja sein. Aber Sie sollten jetzt wieder ins Bett, Oma, sonst holen Sie sich noch eine Lungenentzündung.«

Sie schlurfte zu ihrem Bett zurück und rief unterwegs nach ihrer Katze. Mr. Jackson holte etwas Terpentin und einen Haufen alter Lappen. Die Männer und Kinder machten sich an die Arbeit; die Frauen gingen mit Mrs. Jackson in die Küche und kochten Tee.

»Seid vorsichtig«, mahnte Mr. Jackson. »Wir wollen unserm King Billy ja keinen Schaden zufügen.«

Sie würden ihm jedoch Schaden zufügen müssen. Das stellte sich schon bald heraus, denn das Terpentin beseitigte nicht nur die weiße Schrift, sondern auch die Farbe darunter. Als sie Schluß machten, beleuchtete Mr. Jacksons Taschenlampe einen verstümmelten King Billy auf seinem weißen Pferd.

Betrübt schüttelte Mr. Jackson den Kopf. »Das war wirklich eine üble Tat, die sie da vollbracht haben.«

»Das muß gerächt werden«, sagte Sadie zu Tommy.

Tommy stimmte ihr zu, machte sich im Augenblick aber mehr Sorgen um sich selbst. Die Farbe trocknete an ihm fest und wurde ganz hart.

---

* Ulster Volunteer Force (UVF), nach der 1972 gegründeten Ulster Defence Association (UDA) die größte paramilitärische Organisation der Protestanten, 1912 gegründet. 1966 neu aufgebaut.

Die ganze Truppe drängte sich auf eine Tasse Tee in die Küche der Jacksons. Dampfende Tassen waren auf dem Abtropfbrett bereitgestellt. Es lag etwas Aufregung in der Luft, eine Stimmung wie in einer Notsituation. Sadie wurde davon ganz aufgekratzt. In dieser Nacht würde sie bestimmt nicht mehr einschlafen können.

Alle Anwesenden stimmten darin überein, daß das Wandgemälde wiederhergestellt werden müßte. Man würde einen Maler suchen und in der Straße eine Geldsammlung veranstalten.

»Ab mit dir, Tommy, und mach dich sauber«, sagte seine Mutter. »Deine Jeans sind nicht mehr zu retten. Und letzte Woche waren sie noch ganz neu!«

Die Frauen bekundeten kopfschüttelnd ihr Mitgefühl. Die meisten von ihnen hatten Lockenwickler im Haar, einige trugen nur ihre Morgenmäntel.

»Er kann nichts dafür, Ma«, sagte Sadie.

Sie folgte Tommy die Treppe hinauf, nahm die steifen, farbbekleksten Kleidungsstücke, die er ablegte, und packte sie in Zeitungspapier, in eine alte Ausgabe des *Belfast Telegraph*.

»Das dürfen wir ihnen nicht durchgehen lassen«, sagte sie. »Hast du etwas an Geld?« Sie machte das Paket wieder auf, hob die Jeans am Hosenboden hoch und schüttelte. Ein Shilling fiel heraus und ein paar Pennies.

»Wieviel hast du?« fragte Tommy.

»Nur Sixpence. Das kann ich dir gleich sagen, dazu muß ich nicht erst nachsehen. Aber morgen werde ich für die halbe Straße Besorgungen machen.«

»Wenn sie dich lassen.« Tommy gähnte. »Ich bin hunde-
müde.«

»Natürlich lassen sie mich. Ich bring sie schon dazu!«

»Deinen Kopf durchsetzen, das kannst du, Sadie Jackson, darin bist du nicht zu schlagen. Ma hat ganz recht,
wenn sie das sagt.«

»Und warum auch nicht?« Sadie schüttelte sich ihre
langen Haare nach hinten. »Nur so kann man etwas
schaffen. Und wir werden morgen abend allerhand zu
tun haben.«

»Was hast du vor?«

»Na, was die können, kriegen wir schon lange fertig.«

»Geht jetzt ins Bett, ihr zwei, und hört auf zu schnat-
tern«, rief ihre Mutter die Treppe hinauf.

»Sind schon dabei«, rief Sadie zurück.

Die Küchentür schloß sich wieder. Hinter ihr brabbelten
die Frauenstimmen weiter.

»Ob wir Steve und Linda mitnehmen sollen?« fragte
Tommy, als er ins Bett schlüpfte.

»Vier Leute sind zuviel. Allein richten wir beide mehr
aus. Linda würde sowieso schon beim ersten Anzeichen
von Schwierigkeiten Zeter und Mordio schreien. Oder
kichern.«

»Ich dachte, sie ist deine beste Freundin?«

»Ist sie ja auch. Aber das heißt nicht, daß ich ihre
Schwächen nicht sehen könnte. Ich sehe ja auch deine.«
Tommy war zu müde, um ihr das heimzuzahlen. Er
machte die Augen zu. Sadie schwatzte weiter.

»Wir sollten einen orangen Farbton besorgen, finde ich.«

»Orange?« Für einen Augenblick machte er die Augen auf.

»Ist das nicht die beste Farbe, die's gibt?«

Er schloß die Augen wieder und war im nächsten Moment eingeschlafen. Dabei schnarchte er leise und hatte keine Ahnung von dem Farbspritzer, der sich über seine Stirn zog. Es sah aus wie eine Kampfnarbe.

Sadie ging zu Bett, lag aber noch lange wach und starrte zur Decke, gegen die das Licht der Straßenbeleuchtung fiel. Der Junge mit den dunklen Augen sollte ihr nicht ungeschoren davonkommen. Ihr klang immer noch sein Lachen in den Ohren.

Ein Telegramm aus Tyrone

Kevin machte die Vordertür leise auf, aber doch nicht leise genug. Sein Vater rief: »Bist du's, Kevin?«

»Ja, ich bin's.« Einen Augenblick blieb er wartend im Korridor stehen, die Hand auf dem Treppengeländer, einen Fuß auf der ersten Treppenstufe. Mit den Augen wanderte er die Bilderreihe hinauf, die die Wand der Treppe entlang schmückte. Heiligenbilder, alle miteinander. Seine Mutter hatte sie mitgebracht, als sie als Braut aus der Grafschaft Tyrone hierhergekommen war.

»Du kommst aber spät.«

»Ja.«

»Wo warst du denn?«

»Nur so draußen. Mit den anderen Jungen.«

Das Knistern von Zeitungspapier. Konnte es sein, daß sein Vater immer noch dieselbe Zeitung las?

»Kein Ärger?«

»Nein.«

»Dann ab ins Bett.«

Kevin schoß nach oben, wobei er immer drei Stufen auf einmal nahm. Die Tür zum Mädchenzimmer stand offen. Brede richtete sich auf und stützte sich mit dem Ellbogen ab. Neben ihr schlief Kathleen und beanspruchte einen größeren Teil des Betts, als ihr eigentlich zustand.

»Alles in Ordnung mit dir?« flüsterte Brede.

Im Schneidersitz ließ er sich neben dem Bett auf dem Fußboden nieder.

»Aktion ausgeführt!« verkündete er.

»Du hörst dich sehr zufrieden mit dir selber an.«

»Habe ich dazu nicht auch Grund?«

»Na ja, ein bißchen Mut braucht man wohl wirklich, um mit einem Eimer Farbe ins protestantische Viertel zu gehen.«

»Ein bißchen! Ich kann dir sagen, du, wir wären beinahe geschnappt worden.«

»Ihr seid verfolgt worden?«

»Ja.« Er grinste, als ihm das Mädchen einfiel und wie sie geglaubt hatte, sie könnte ihn festhalten. Sie war stark, aber es müßte schon ein sehr starkes Mädchen sein, das Kevin McCoy am Boden halten konnte.

»Doch nicht von der Polizei?«

»Da war weit und breit kein Polizist. Waren wohl alle auf der Wache und haben Tee gebechert.«

Brede lehnte sich gegen das Kissen zurück. »Diesmal bist du ungeschoren davongekommen. Das heißt aber nicht, daß es beim nächstenmal nicht anders ausgehen könnte.«

»Das werden wir ja sehen«, sagte Kevin. »Manche Leute haben eben Glück.«

Am nächsten Morgen wurde im ganzen Viertel von ihrem Streich geredet. Kevin und Brian saßen auf dem Müllplatz auf zwei Kanistern und erzählten die Geschichte immer wieder. Zur Mittagszeit hatten sie sechs Wände beschriftet und waren von einem ganzen Trupp Orangisten gejagt worden.

»Wie ich höre, hast du gestern abend doch etwas angestellt, Kevin«, sagte Mr. McCoy, als er seine Suppe entgegennahm und sich hinsetzte. Aber in seiner Stimme lag widerwillige Bewunderung, und er sagte auch nichts weiter. Statt dessen faltete er die Zeitung so, daß er die Ergebnisse des Windhundrennens lesen konnte.

»Dummköpfe«, sagte Mrs. McCoy und teilte den Rest der Suppe aus. »Wände beschmieren! Das tun doch kleine Kinder! Du und Brian, ihr seid jetzt vierzehn, aus euch sollen bald mal Männer werden.«

»Aber, Ma, wir haben doch nicht einfach eine gewöhnliche Mauer bemalt. Wir haben gegen das protestiert, was darauf war.«

»Der alte William! Der ist es doch gar nicht wert, daß

man an ihn Farbe verschwendet. Wenn sie ihn auf ihren Wänden haben wollen, dann laß sie doch. Von mir aus gerne.« Sie gab die dampfenden Suppenteller an Brede weiter, die sie an die Tischrunde verteilte. »Jedenfalls solange sie nicht hier ankommen und sein Bild auf *meine* Wand malen wollen.«

»Weiber!« knurrte Kevin. »Die kapieren doch nie, daß ein Mann für das kämpfen muß, woran er glaubt.«

»Oh, das verstehen wir sehr gut.« Mrs. McCoy stellte den leeren Topf ins Spülbecken und ließ ihn mit Wasser vollaufen. »Aber Kämpfen ist nur dann notwendig, wenn man angegriffen wird. In diesem Land ist schon so viel gekämpft worden, daß es auch fürs nächste Jahrhundert noch ausreicht. Also iß deine Suppe weiter und glaub bloß nicht, daß es eine Meisterleistung ist, Farbe auf eine Wand zu klatschen. Und ein gutes Beispiel gibst du den Kleinen damit auch nicht. Stimmt's, Pete?«

Mr. McCoy schreckte hoch. »Ja, das stimmt.«

»Du halt dich an deine eigenen Leute, Kevin«, sagte seine Mutter, »dann kommst du nicht so leicht zu Schaden.«

»Manche Protestanten sind bestimmt ganz nett«, wagte sich Brede vor. »Ich habe Bücher über sie gelesen, und nach denen sind sie gar nicht so furchtbar böse.«

»Bücher!« sagte ihre Mutter. »Die erzählen ja doch nicht die Wahrheit.«

»Aber hat deine Schwester Rose nicht einen Protestanten geheiratet?«

»Das hat sie, aber sie ist schließlich auch nicht ganz richtig im Kopf.«

»Ich habe sie immer gemocht.«

»Vielleicht bist du ja auch nicht richtig im Kopf«, sagte Kevin.

Brede drehte sich um und streckte ihm die Zunge heraus.

Den Rest des Tages sprachen sie nicht mehr miteinander.

Nach dem Essen ging Brede zu Kate. Sie übten sich im Schminken und benutzten dazu das Augen-Make-up, das Kates ältere Schwester aussortiert hatte.

»Ich finde Kevin richtig toll«, seufzte Kate vor dem Spiegel. Sie versuchte gerade ohne großen Erfolg, sich einen Lidstrich zu ziehen. Damit sah sie wie eine Vampir-Fledermaus aus, fand Brede. Kate flatterte mit den Wimpern. »Meinst du, ich würde ihm so gefallen?«

»Komm mir ja nicht mit Kevin. Der gefällt sich bloß selber. Er ist so aufgeblasen, daß ihm der Kopf schwillt und schon die Ausmaße von einem Berg annimmt. Ein Dickschädel, so groß wie Cave Hill!«

Brede ließ ein wenig goldenen Lidschatten dran, als sie nach Hause ging. Mit etwas Glück würde ihre Mutter ihn nicht bemerken.

Mrs. McCoy merkte tatsächlich nichts. Sie hatte kaum Zeit, um überhaupt wahrzunehmen, daß Brede herein-kam. Nervös fuhrwerkte sie in der Küche herum und packte eine Tasche. Ein Telegramm lag offen auf dem Küchentisch.

»Was ist denn los, Ma?« fragte Brede.

Mrs. McCoy zeigte auf das Telegramm. »›Mutter nicht wohl‹«, las Brede. »›Du solltest sofort kommen. Rose.‹ Arme Oma. Sie wird doch nicht sterben, oder?«

Mrs. McCoy bekreuzigte sich. »Gott möge sich ihrer annehmen. Sie ist natürlich nicht mehr die Jüngste, aber Rose kriegt immer gleich Panik.«

»Aber du fährst hin?«

»Was bleibt mir denn anderes übrig? Dein Dad hat sich Onkel Alberts Auto geliehen und fährt mich hin, sowie ich fertig bin. Er wird dort übernachten müssen. Es ist schon zu spät, um es an einem Tag nach Tyrone und wieder zurück zu schaffen. Kevin wird das Haus hüten und für alles verantwortlich sein, weil er der Älteste ist, und du kümmer dich ums Kochen, Brede. Du könntest dem Baby jetzt ein Fläschchen richten. Ich nehme den Kleinen mit.«

Brede maß Trockenmilch ab, gab sie in einen Krug und stellte den Wasserkessel zum Kochen auf. Ihre Mutter machte sich fertig und führte dabei die ganze Zeit über Selbstgespräche, erinnerte sich an die Sachen, die sie brauchen würde, und zählte laut auf, woran sie ihren Mann erinnern mußte.

Mr. McCoy kam herein. Er wischte sich die Hände an einem alten Lappen ab. »Der Wagen steht vor der Tür«, sagte er. »Er ist nicht gerade in bester Verfassung.«

»Hauptsache, er bringt uns hin.« Mrs. McCoy nahm Brede das Babyfläschchen ab und wickelte es in ein Geschirrtuch. »Damit die Milch warm bleibt, bis der Kleine danach verlangt. Jetzt können wir los, Pete.«

»Als ob du für einen ganzen Monat verreisen wolltest«, brummte er, als er sich nach den Körben und Paketen bückte.

»Man kann nie wissen«, sagte Mrs. McCoy. »Am besten rüstet man sich für alle Fälle aus.« Sie nahm das Baby auf. Die Familie versammelte sich auf dem Bürgersteig und sah zu, wie das Auto vollgepackt wurde. Die meisten Kinder aus der Straße kamen herbeigeschlendert und wollten sehen, was los war.

Bevor sie in den Wagen stieg, machte Mrs. McCoy ihr abgenutztes braunes Portemonnaie auf und gab Brede etwas Geld. Dazu gab sie ihr Anweisungen, was sie damit kaufen sollte, wo sie es kaufen und wie sie es zubereiten sollte. All das wußte Brede bereits. Sie hatte den Haushalt geführt, als ihre Mutter das Baby bekam und im Krankenhaus lag. Aber ihre Mutter neigte dazu, so etwas zu vergessen, und sie wiederholte ihre Anweisungen ohnehin gern mehrmals. Das schien ihr ein Trost zu sein. Sie konnte in dem Bewußtsein wegfahren, alle Katastrophen im voraus verhütet und ihre Pflichten ordnungsgemäß übergeben zu haben.

»Mach dir keine Sorgen, Ma«, sagte Brede. »Ich komme schon klar.«

»Morgen wird ja auch euer Dad wieder hier sein.«

Mr. McCoy unterwies Kevin. Er sollte sich nicht zu weit vom Haus entfernen, ein wachsames Auge auf die Kinder haben und es nicht zulassen, daß die halbe Straße ins Haus kam und alles kurz und klein trampelte.

»Okay, Dad«, sagte Kevin.

Mr. und Mrs. McCoy küßten ihre Kinder und stiegen ins Auto.

»Endlich!« sagte Kevin.

Mr. McCoy drehte am Zündschlüssel. Der Motor gab nicht einmal ein Husten von sich.

»Versuch's doch mal mit dem Choke, Dad«, riet Kevin. Mr. McCoy warf ihm durchs offene Fenster einen zornigen Blick zu. »Ich weiß, wie man einen Wagen anläßt. Bei diesem Wetter ist der Choke nicht nötig. Schließlich bin ich damit ja auch hierher gefahren.«

Er versuchte es wieder und wieder und kratzte sich am Kopf. Die Kinder hielten den Atem an. Würden Mr. und Mrs. McCoy aussteigen? Mußten sie nun alles wieder ausladen?

»Wir könnten Sie anschieben«, bot Brian an. »Wenn wir Sie zur nächsten Straße schieben – dort ist ein Abhang, da könnten Sie den Wagen vielleicht in Gang bringen.«

»Wenn er erst mal anspringt, dann läuft er auch«, sagte Mr. McCoy. »Nur wenn er stehenbleibt, dann fängt der Ärger an. Na ja, vielleicht könntet ihr uns mal einen kleinen Schubs geben...«

Jede Menge Hände packten willig mit an. Mindestens ein Dutzend Jungen schoben das kleine schwarze Auto über die Straße und in die nächste Straße hinein. Die anderen Kinder liefen hinterher. Als der Wagen den Abhang erreicht hatte, hustete und spuckte der Motor und erwachte mit lautem Aufheulen zum Leben. Die Kinder jubelten. Die Jungen blieben zurück und stützten die Hände in die Seiten. Das Auto war weg.

Brede winkte, bis es außer Sichtweite war. Sie hoffte, daß ihr Vater seinen Führerschein bei sich hatte. Es wäre typisch für ihn, wenn er ihn vergessen hätte. Das sagte sie auch Kevin, der darauf erwiderte, daß sie ihrer Mutter Tag für Tag ähnlicher würde. »Du sorgst dich dauernd um irgendwelche Sachen.«

»Ich sorge mich doch nicht. Ich mache mir eben Gedanken.«

Sie kochte das Essen: Würstchen und Pommes frites. Die Pommes-frites-Pfanne handhabe sie mit großer Vorsicht, stellte sie auf eine der hinteren Flammen am Herd und behielt sie die ganze Zeit über im Auge. Ihre Mutter hatte ihr die Gefahren der Pommes-frites-Pfannen nachdrücklich eingeschärft. Fast jede Straße konnte mit einer traurigen Geschichte von Verbrennungen bei einem Kind aufwarten.

Sie deckte den Tisch und rief die Kinder von der Straße herein.

»Hände waschen«, befahl sie.

Sie murrten, aber Brede paßte auf, daß sie es taten. Gerald hätte seine grauen Finger nur ins Wasser getaucht und sie wie der Blitz wieder herausgezogen, wenn sie ihn nicht zurückgeholt hätte.

»Ich hab's schon erlebt, daß du bei dir selber nicht so pingelig warst«, sagte Kevin.

Brede ignorierte diese Bemerkung. Sie wies den Kindern ihre Plätze an und bat Kevin, das Tischgebet zu sprechen. Dann teilte sie das Essen aus. Sie lehnte sich zurück und sah zu, wie sie aßen. Das machte ihr Spaß. Und nachdem sie abgewaschen hatte, würde sie sich ans Fenster setzen und ihr Buch lesen.

»Wie weit sie jetzt wohl sind?« überlegte sie.

»In der alten Kiste können sie von Glück sagen, wenn sie zwanzig Meilen geschafft haben«, sagte Kevin.

»Das meinst du doch nicht im Ernst?«

»Weiß der Himmel, was sie tun, wenn sie vor einem steilen Hügel stehenbleiben. Aber irgendwie kommen sie bestimmt an. Und wenn Dad den ganzen Weg bis nach Tyrone schieben muß. Das wäre aber nicht so das Wahre für seine Laune, oder?« Kevin lachte.

Auch Brede mußte bei dieser Vorstellung lächeln. Wenn ihr Vater das Auto tatsächlich schieben mußte, dann würde seine Ausdrucksweise weit und breit für Aufruhr sorgen. Die jüngeren Kinder stimmten in Kevins Lachen ein. Ein Feriengefühl lag in der Luft. Kevin trug die Kleinen auf seinen Schultern in der Küche herum und war dabei Brede im Weg, als sie den Tisch abzuräumen versuchte. Aber auch sie war vergnügt und schimpfte nicht mit ihm. Zwischendurch dachte sie manchmal an ihre Oma und wurde traurig, tröstete sich aber damit, daß ihre Mutter vermutlich recht hatte: Tante Rose geriet immer gleich in Panik. Es brauchte sich nur ein Kind das Knie aufzuschlagen, und schon schrie sie nach dem Arzt. Als alles Geschirr abgetrocknet und weggeräumt war, hängte sie das Geschirrtuch auf und band sich die Schürze ab. Kevin setzte sich in den Sessel seines Vaters und warf einen Blick in die Abendzeitung.

Kate kam herein, ganz herausgeputzt, als wollte sie auf eine Party. Armbänder klimperten an ihrem Handgelenk. Sie schwang sich auf den Tisch und fragte Kevin, was er von ihren Augen hielt. Dabei flatterte sie mit den

Wimpern und kicherte. Kevin sah von der Zeitung auf. »Hast du falsche Wimpern angelegt? Mit den Dingern könntest du glatt die Straße fegen.«

Und dann kam Brian.

»Mensch, habt ihr ein Glück!« sagte er. »Wenn meine Eltern nur auch manchmal wegfahren würden. Ich könnte ein bißchen Frieden ganz gut gebrauchen.«

»Es ist ein tolles Gefühl.« Kevin streckte sich. In seinen Augen blitzte es unternehmungslustig. »Eine Nacht der Freiheit, und niemand da, um Fragen zu stellen, was man gemacht hat.«

»Du hast doch nicht vor, etwas zu machen, oder?« fragte Brede alarmiert. »Du hast Dad versprochen, daß du in der Nähe bleiben würdest.«

»Dein Pflichtgefühl ist einfach überentwickelt, Brede McCoy, das ist es. Eines Tages wirst du mal eine prächtige Ehefrau für jemanden abgeben. Wie wär's denn mit Brian hier?«

Brede wurde rot und dachte, daß es sie manchmal allerhand Anstrengung kostete, ihren Bruder nicht zu hassen. Kate kicherte, und auf einer Seite rutschten die falschen Wimpern ab und blieben an ihrer Nase kleben. Da kippten sie alle fast um vor Lachen.

Die Küchentür ging auf. Ein Kopf wurde hereingestreckt. »Gebt ihr eine Party? Ich habe für alle Fälle meine Gitarre mitgebracht. Und Paddy Doyle hat seine Fiedel dabei.«

»Klar! Eine tolle Idee!« rief Kevin.

Der achte Juli

Achter Juli. Sadie hakte ihn am Kalender ab und stellte befriedigt fest, daß die Lücke immer kleiner wurde und die Haken den roten Kringel um den zwölften bald erreicht haben würden.

Es war ein geschäftiger Tag für Sadie und Tommy, Linda und Steve. Sie gingen von Tür zu Tür und fragten nach Jobs.

»Es freut mich zu sehen, wie ihr euch zur Abwechslung mal nützlich macht«, sagte Mrs. Jackson in der Mittagszeit.

»Unsere Straße soll die beste von ganz Belfast werden«, erklärte Sadie.

»Man soll für seine Straße ruhig etwas Stolz aufbringen«, sagte Mrs. Jackson. »Daran ist nichts Schlechtes.«

»Vielleicht möchtest du unserer Kasse etwas beisteuern?« schlug Tommy vor.

»Ich bin mir nicht sicher, ob ich Kleingeld habe.«

»Dein Portemonnaie liegt dort auf der Anrichte.« Sadie holte es herbei und drückte es ihrer Mutter in die Hand. Mrs. Jackson fuhr mit den Fingern durch die Münzen und holte einen Shilling heraus. »Mehr kann ich nicht erübrigen. Dein Kostüm hat mich ein Vermögen gekostet, Sadie, wirklich, ein Vermögen.« Sie trugen das Geld zu Mrs. McConkey in den Laden.

»Na so was!« rief sie aus. »Bei euch ist ja heute der Reichtum ausgebrochen.«

»Wir haben auch ganz schön dafür geschwitzt«, sagte Tommy.

»Ich habe viermal Geschirr gespült«, sagte Linda.

»Ich habe das Auto von meinem Dad gewaschen«, sagte Steve.

»Ihr seid ein paar ganz Fleißige.« Mrs. McConkey legte sich mit dem Busen auf den Ladentisch. »Das läßt sich nicht leugnen.«

»In unserer Straße wachsen eben tüchtige Arbeiter heran«, sagte Tommy.

Dagegen hatte Mrs. McConkey nichts einzuwenden. Das bedeutete Geld in ihrer Kasse. Sie hatte nicht einmal etwas dagegen, wenn die Straße von den Kindern tatsächlich schöner geschmückt würde als ihre eigene, solange für die Dekoration bezahlt wurde. Sie holte ihren großen Karton mit Papierschlangen, Fähnchen und Bildern der Königin und ihrer Familie hervor und ließ sie eine volle halbe Stunde lang den Inhalt reiflich bedenken. Um diese Tageszeit war nicht viel los im Laden. Am Spätnachmittag nahm das Geschäft dann wieder zu, wenn den Frauen einfiel, was sie beim Einkaufen vergessen hatten und zum Essenmachen noch brauchten, und wenn die Männer von der Arbeit kamen.

Sie zählten das Geld hin, trafen ihre Wahl und gönnten sich selbst jeder ein Eis.

»Ich finde, das habt ihr auch verdient«, sagte Mrs. McConkey, als sie sich über ihre Eiskiste beugte und die Lutscher herausholte.

Sie setzten sich auf die Treppenstufe vor dem Laden und fingen an zu lecken.

»Diesem rothaarigen Flegel wird bestimmt ganz schlecht, wenn er das hier sieht«, sagte Sadie und klopfte auf die Schachtel.

Aber als sie die Dekoration angebracht hatten, sah sie nach enttäuschend wenig aus.

»Es ist eine lange Straße«, sagte Steve düster, »und es gibt ein halbes Dutzend alter – na ja, sonst was für Typen, denen das alles egal ist und die keinen Finger krumm machen.«

»Es bleibt uns nichts anderes übrig«, sagte Sadie, »als jeden Tag am Ball zu bleiben. Außer heute haben wir noch drei Tage. Wir werden es schon noch schaffen.«

»Ich habe aber die Nase voll vom Spülen«, sagte Linda. »Davon gehen mir ja die Hände kaputt.«

»Dann wirst du dich eben zusammenreißen müssen. Oder laß dir etwas anderes einfallen.« Sadie wandte sich ihrem Bruder zu. »Tommy und ich müssen jetzt gehen, stimmt's, Tommy? Tschüß, ihr beiden.«

Tommy kam ihr nach. »Wieso mußten wir denn gehen?«

»Die Farbe holen, du Schwachkopf!«

»Das hatte ich ganz vergessen.«

»Du würdest auch noch deinen Kopf vergessen, wenn er nicht fest auf dem Hals säße. Ich wollte es nicht mal den beiden erzählen. Je weniger davon wissen, desto besser.«

Sadie klopfte auf ihre Tasche. »Das Geld habe ich dabei.«
»Vielleicht sollten wir's besser für Straßenschmuck ausgeben.«
»Quatsch!« Sie dachte an die dunklen kecken Augen des Jungen, der ihre Wand verunziert hatte. »Wir können es doch nicht zulassen, daß die uns für feige halten, oder?« Und außerdem freute sie sich auf das Abenteuer, ins Feindgebiet hinüberzugehen. Das war mal etwas anderes, als Girlanden an Abflußrohren zu befestigen.
»Wo gehen wir hin?« fragte Tommy, denn sie waren bereits einige Straßen von ihrer eigenen Straße entfernt. Sie gingen in Richtung Stadtzentrum.
»Wir können die Farbe doch nicht in einem Laden kaufen, wo man uns kennt, oder? Das wäre taktisch ganz verkehrt. Wir müssen alle unsere Spuren verwischen.«
Im Zentrum herrschte lebhafter Betrieb. Die Käufer drängten sich in Scharen auf dem Bürgersteig der Royal Avenue und Donegal Place. Sadie trödelte vor ein paar großen Schaufenstern und sah sich die Sommerkleider an, aber Tommy zog sie weiter.
Sie entdeckten ein großes, teuer aussehendes Malergeschäft. Tommy musterte zögernd die Tapetenrollen, mit denen das Schaufenster geschmackvoll dekoriert war. Zu vornehm für sie.
»Meinst du denn, daß ein solcher Laden das richtige für uns ist?«
»Na, komm schon. Wir haben doch das Geld, oder?«
Sadie drückte die Spiegelglastür auf und marschierte kühn über den teppichbelegten Boden bis zur Theke.

Mutter hat recht, dachte Tommy, als er ihr folgte: Sie ist frech wie Oskar.

Als sie näher kamen, griff sich der Mann hinter dem Ladentisch an die tadellos gebügelten rosa Manschetten, die unter seinem eleganten Jackett hervorsahen. Er lächelte ihnen höflich zu und räusperte sich.

»Womit kann ich dienen?«

Sadie legte die Ellbogen auf den Ladentisch, wie sie es bei Mrs. McConkey zu tun pflegte. Tommy war sich sicher, daß das hier fehl am Platz war. Das sagte ihm schon der Blick des Verkäufers. Aber Sadie achtete nicht auf die Augen des Mannes: Sie sah die Wand hinter ihm an. Dort waren Regale voller Tapetenrollen.

»Sie verkaufen aber doch auch Farbe, nicht wahr?« fragte sie.

»Selbstverständlich.«

»Darum geht's uns nämlich.«

»Aha.« Der Mann griff sich wieder an die Manschetten. Warum er dort dauernd hinlangte, war Tommy ein Rätsel. Einfach eine Angewohnheit, vermutete er. Jeder hatte irgendwelche Angewohnheiten. Sich auf Ladentische zu stützen, zum Beispiel. Er stieß Sadie an.

»Was ist denn?« wollte sie wissen.

»Ach, nichts.«

»Farbe in welchem Farbton denn?« fragte der Mann, der mittlerweile so aussah, als langweilten sie ihn. Mit drei wohlgepflegten Fingern verbarg er ein dezentes Gähnen.

»Orange.«

»Orange?« Aus der Art, wie er das sagte, hätte man

schließen können, daß er von dieser Farbe noch nie gehört hatte.

»Gibt's dagegen was einzuwenden?« Sadie sah ihm direkt in die Augen. Tommy schoß plötzlich der Gedanke durch den Kopf, daß der Verkäufer ein Mick sein könnte.

»Nein. Aber es gibt viele verschiedene Schattierungen von Orange.«

Er holte eine Tafel mit allen Farbtönen und legte sie auf den Ladentisch. Als sie sich in die Farbtafel vertieften, gähnte er wieder hinter seiner rosa Manschette.

»So viele Orange-Töne gibt es nun auch wieder nicht«, sagte Sadie. »Manche davon sind so labberig, daß man sie gar nicht orange nennen kann. Diese Schattierung wollen wir – die leuchtende!« Sie bohrte ihren Finger in die Karte.

»Diese Farbe heißt Tangerine.«

»Nennen Sie's, wie Sie wollen«, sagte Sadie. »Die hier nehmen wir. Findest du doch auch, Tommy, oder?«

»Ja.«

»Und wieviel davon soll es sein?« fragte der Verkäufer. Sadie legte ihr Geld auf den Ladentisch. »Für soviel, wie wir Geld haben.«

Den Mann überraschte jetzt schon gar nichts mehr. Er zählte das Geld, packte eine Dose Tangerine-Farbe ein und gab ihnen vier Pence heraus. Tommy steckte sich das Päckchen unter den Arm.

»Tschüß«, rief Sadie, während sie auf die Tür zugingen.

»Guten Tag«, erwiderte er und betupfte erneut seine Manschetten.

»Der hat sich vielleicht was geziert, der Typ«, sagte Sadie, als sie draußen waren. »So wie der geredet hat, hätte man meinen können, er hätte eine zerquetschte Tomate im Mund gehabt.«

»Ich glaube, der wollte so reden wie die in London.«

»London! Dort sind doch bloß lauter Schwachköpfe. Außer der Königin natürlich.«

»Ich würde ganz gern mal hinfahren. Nur so, zum Angucken.«

»Ich auch. Die King's Road entlangspazieren und den Buckingham-Palast sehen – ... Laß die Farbe nicht fallen! Sonst kannst du was erleben.«

»Hör auf damit, mich herumzukommandieren. Du bist schlimmer als die halbe Lehrerschaft in der Schule zusammengenommen.«

»Muß ich ja auch, damit du nichts Dummes anstellst, oder? Okay, okay ... ich sag ja schon nichts mehr.« Sie tanzte aus seiner Reichweite.

»Das will ich dir auch geraten haben!«

Sie schmuggelten die Farbe nach oben und versteckten sie unter Tommys Bett, zusammen mit zwei alten Pinseln von ihrem Vater, die nach Gebrauch nicht ordentlich ausgewaschen worden waren. Jetzt waren sie hart und steif, aber für das, was sie vorhatten, waren sie noch zu gebrauchen und konnten im Notfall auch einfach weggeworfen werden.

Nach dem Essen mußte Tommy zur Orchesterprobe. Er nahm seine Flöte aus der Schachtel und brach auf. Während er die Straße entlangging, blies er auf der Flöte.

»Er ist gar nicht unmusikalisch«, sagte Mr. Jackson.

»Unsere Familie hatte es schon immer mit der Musik«, sagte Mrs. Jackson. »Unsere Emily hat so süß gesungen, daß die Leute meilenweit herbeikamen, um ihr zuzuhören. Sie wurde die Singamsel genannt.« Einen Augenblick lang ruhten ihre Hände, und in ihre Augen trat ein Ausdruck, als ob sie weit weg wäre.

»Hör nur, wie Ma auf einmal ganz nostalgisch wird«, sagte Sadie.

»Dich wird nie jemand ›Singamsel‹ nennen, das steht schon mal fest«, sagte ihre Mutter und war jetzt wieder ganz resolut. »Du kannst ja keinen Ton singen. Genau wie dein Vater.«

»Aber sie versteht sich auf Rhythmen«, sagte der Vater. »Sie marschiert sehr schön im Takt mit der Musik.«

Sadie hatte eine Kostümprobe am Abend. Sie nahm ihr Kostüm vom Kleiderbügel und strich liebevoll über den Samt. Freudige Erwartung schoß in ihr hoch, und für eine Weile vergaß sie sogar die orange Farbe, die unter Tommys Bett lagerte. Sie zog den Rock an, schloß das eng anliegende Oberteil und schlüpfte in die weißen Stiefel. Dann bürstete sie sich die Haare, bis sie glänzten, und band sie mit einer purpurfarbenen Samtschleife zusammen.

»Gar nicht so übel«, sagte ihre Mutter. »Du machst dich.«

Sadie ging zur Orange Hall, schwenkte dabei die Hüften und wirbelte ihren Marschallstab zwischen den Fingern. Sie war sich der bewundernden Blicke um sie herum sehr wohl bewußt. Einige Jungen pfiffen und riefen hinter ihr her, aber sie tat so, als hörte sie das nicht.

Anderthalb Stunden lang übten sie ihre Parade in den Straßen ihres Viertels. An jeder Ecke versammelte sich eine Menschenmenge, um ihnen beim Vorbeimarschieren zuzusehen. Der Klang von Flöten und Trommeln genügte, um die Leute zu jeder Tages- und Nachtzeit aus ihren Häusern zu holen.

Als sie durch die Straße kamen, in der Sadie wohnte, sah sie ihren Vater und ihre Mutter am Türstock ihres Hauses lehnen. Ihre Mutter hatte immer noch die Kittelschürze um; sie legte sie selten ab.

»Das war ganz gut«, sagte sie hinterher zu Sadie. »Du hast deinen Kopf sehr schön hochgehalten. Und Tommy ist auch gut marschiert.«

»Wir können stolz auf euch sein, da gibt es nichts«, sagte Mr. Jackson.

»Was würde er wohl sagen, wenn er wüßte, was wir heute nacht noch vorhaben?« fragte Tommy, als sie nach oben ins Bett gingen.

»Er hätte vielleicht dasselbe gemacht, als er ein Junge war.«

»Aber uns würde er sagen, wir sollten es sein lassen. Er mag keinen Ärger.«

»Den wird es auch nicht geben«, sagte Sadie. »Wir gehen hin und erledigen, was wir zu erledigen haben, und kommen wieder zurück. Ganz einfach!«

Als sie ihr Kostüm ausgezogen hatte und es wieder auf dem Bügel hing, setzte sie sich für ein paar Minuten aufs

Bett und betrachtete das Kostüm. Das Leben war großartig.

Sie zog ihre Jeans und ein dunkles T-Shirt an und
schlüpfte dann ins Bett. Im Liegen lauschte sie den
Fernsehgeräuschen von unten. Von Zeit zu Zeit rief sie
leise nach Tommy, um sich zu vergewissern, daß er noch
wach war. Bei Tommy mußte man damit rechnen, daß er
einschlief; er kriegte es glatt fertig, auch noch im Stehen
zu schlafen.

Endlich verebbte unten das Geräusch, und dann knarrten
die Treppen, als erst der Vater und dann die Mutter nach
oben ins Bett gingen. Nach einer halben Stunde war aus
dem Elternschlafzimmer ein Zwillings-Schnarchen zu
vernehmen, jedes in einem anderen Takt. Sadie ließ sich
aus dem Bett gleiten, zog sich ihre Turnschuhe an und
band sich ein dunkles Tuch um den Kopf. Tommy war
fertig. Er hatte die Farbe in der einen, die Pinsel in der
anderen Hand.

Ohne zu sprechen, huschten sie die Treppe hinunter und
ließen dabei die knarrenden Stufen aus, die sie gut
kannten. Am Fuß der Treppe hielten sie inne. Warteten.
Oben drehte sich jemand um. Die Bettfedern ächzten
und beruhigten sich wieder. Zwei Schritte, und Sadie und
Tommy waren an der Vordertür. Vorsichtig drehte Sadie
den Schlüssel. Sie spähte auf die Straße hinaus. Alles klar.
Sie gab Tommy ein Zeichen, daß er hinauslaufen sollte,
und machte dann die Tür hinter sich zu. In Sekunden-
schnelle waren sie um die Ecke.

»Uff!« Tommy lehnte sich gegen die Hausmauer.

»Wir dürfen uns nicht aufhalten. Die Polizei wird jetzt auf ihrem Streifengang sein. Komm, ich trage die Pinsel.«

»Klemm sie dir so unter den Arm, daß niemand sehen kann, was es ist.«
Sie gingen dicht an den Häusern entlang, hielten sich im Schatten und vermieden die Lichtbahnen um die Straßenlaternen. Sie sahen zwei alte Männer. Beide waren betrunken. Einer bat sie um einen Shilling, aber Tommy sagte, daß sie kein Geld bei sich hatten.
»Und Sixpence, nicht mal Sixpence für eine Tasse Tee?«
»Gar nichts«, sagte Sadie. »Tut uns leid.«
Die alten Männer setzten sich auf die Bordsteinkante. Die Geschwister gingen weiter.
»Nachts sind alle komischen Existenzen unterwegs«, sagte Sadie.
»Zu denen auch wir gehören! Ich denke grade, daß wir mal unser Gehirn untersuchen lassen müßten.«
Vor ihnen sahen sie eine Taschenlampe aufblitzen. Ein Polizist auf seinem Streifengang, der Hauseingänge und Gäßchen auskundschaftete. Möglicherweise würde er die beiden Betrunkenen mitnehmen. Sadie und Tommy flitzten zurück und gingen in der Parallelstraße weiter, um dem Polizeibeamten auszuweichen.
Als sie zum Niemandsland kamen, blieben sie stehen. Wenn sie es überschritten, gaben sie sich preis.
»Es ist nur eine Straße«, sagte Sadie. »Kein ganzes Feld.«
»Wenn wir wirklich rübergehen, dann laß uns schnell machen«, sagte Tommy.

Es war wie ein Sprung vom höchsten Sprungbrett. Als sie auf der anderen Seite ankamen, schlug eine Kirchturmuhr ein Uhr. In der Stille der Nacht hörte sich der Ton unheilvoll an.

Sie gingen mit langen, geschmeidigen Schritten, setzten vor jedem Auftreten den Fuß erst vorsichtig auf. Ihre Augen schweiften nach rechts und links umher.

»Die Straßen sind nicht anders als unsere«, flüsterte Tommy.

»Es gibt aber einen Unterschied. Kein Rot und Weiß und Blau. Sieh nur, Tommy, da ist eine Trikolore dort in dem Fenster!«

Die Trikolore war grün, weiß und orange, die Fahne der Irischen Republik. Sie stand trotzig in einem Krug zwischen geteilten Spitzenvorhängen.

»Unverschämtheit!« Sadie blieb davor stehen.

»Du kommst nicht ran. Sie steht innen in der Wohnung.«

Bei den übrigen Fenstern im Haus waren die Vorhänge zugezogen. Tommy hoffte, daß die Leute allesamt fest schliefen. Er zog Sadie weiter, bis sie ans Ende der Häuserreihe kamen.

»Wir können es gleich hier machen«, sagte er. »Eine Eckwand ist so gut wie die andere.«

Diese Hausmauer hatte nur eine Inschrift: GOTT SEGNE DEN PAPST.

Mit einem Schraubenzieher, den er zu diesem Zweck mitgenommen hatte, stemmte Tommy den Deckel von der Farbbüchse auf. Sadie hielt hinter beiden Hausecken Ausschau.

»Alles okay«, sagte sie.

Sie tauchten die Pinsel in die dicke Farbe und hoben sie farbtriefend zur Wand. Tommy wurde klar, daß sie die Farbe mit Terpentin hätten verdünnen sollen. So war es, als malten sie mit Sirup. Aber im Nu hatten sie die Worte DEN PAPST ausgestrichen. Dafür pinselten sie nun mühsam KING BILLY. Sie malten die Worte dick und groß und breit. Ihre Handgelenke fingen an zu schmerzen, aber die Zusammenarbeit klappte bestens. Jetzt gab es keine Streitereien zwischen ihnen. Die Pinsel fuhren in die Dose, saugten die Farbe auf. WEG MIT DEM PAPST: Das war der zweite Teil ihrer Aufgabe. Würde die Farbe reichen? Sie arbeiteten fieberhaft, die Buchstaben wurden kleiner und kleiner. Bis zum S waren sie gekommen, als Tommy plötzlich rief: »Schnell weg!«

Sie ließen die Pinsel fallen und rannten los. Schon im voraus hatten sie festgelegt, was sie tun würden, wenn es zu einer Störung kam. Jeder rannte für sich, hielt nicht einmal inne, um nach dem anderen zu sehen. Die Entfernung bis zu ihrem Viertel war nicht groß. Sadie hörte Geschrei hinter sich, laut genug, um ganz Belfast aufzuwecken. In den oberen Stockwerken ging überall das Licht an. Ein paar Fenster wurden hochgeschoben, und Köpfe reckten sich nach draußen. Sadies Beine bewegten sich leicht und ohne Panik. Vor ihr war niemand.

Und dann spürte sie, wie ihr Schnürsenkel gegen ihren Knöchel schlug. Dann war er unter der Schuhsohle. Fast wäre sie hingefallen. Sie fing sich wieder. Keine Zeit zum Anhalten. Sie mußte mit dem offenen Schnürsenkel weiterrennen. Aber sie merkte, wie sich ihr Tempo dadurch verlangsamte. Die Rufe wurden lauter. Sie wagte es nicht, sich umzusehen. Ihr war zumute, als würden ihr gleich die Lungen platzen. Sie sah das Niemandsland vor sich und legte einen Endspurt ein.

Aber während sie vorwärtssauste, wurde sie plötzlich von hinten gepackt und festgehalten. Sie schnappte nach Luft.

»Ich habe einen!« Die Stimme in ihrem Ohr war laut und triumphierend. Die Arme, die sie gepackt hatten, wirbelten sie herum, und sie stand ihrem Verfolger von Angesicht zu Angesicht gegenüber. Er war etwas älter als sie und kam ihr irgendwie bekannt vor. Aber es war nicht der Junge mit den dunklen Augen. »Ach du lieber Himmel«, sagte er, »es ist ein Mädchen!«

Inzwischen waren sie von einer Menschenmenge umringt, hauptsächlich Jungen. Jugendliche. Sie drängten sich nach vorn, um Sadie zu betrachten, und standen Schulter an Schulter. Sadie wurde der Mund ganz trocken.

»Bist du das Mädchen, das Kevin und mich gestern nacht verfolgt hat?« Der Junge, der sie hielt, sah sie plötzlich so an, als erkannte er sie wieder.

Sie nickte.

Die Umstehenden wurden unruhig. »Was wollen wir mit ihr machen?«

»Sie von oben bis unten mit Farbe vollschmieren. Das soll ihr eine Lehre sein!«

»Streifen. Grün, weiß und orange.«

»Haltet die Klappe, alle miteinander«, brüllte Brian. »Ich bringe sie zu den McCoys. Mr. und Mrs. McCoy sind nicht da. Und ich bin sicher, daß Kevin seine Bekanntschaft gern erneuern wird.«

DER NEUNTE JULI

Die Zeiger der rot-weißen Uhr auf der Anrichte zeigten auf fünf nach zwei. Jetzt ist schon der neunte Juli, dachte Sadie. Sie würde ihn auf dem Kalender abhaken, wenn sie nach Hause kam. Wenn.

»Na so was, da begegnen wir uns also wieder!« sagte Kevin und schritt in dem geringen Raum, den die Küche bot, auf und ab. Er hatte die Arme verschränkt, und seine Stirn war gedankenzerfurcht, als ob es eine schwierige Entscheidung sein würde, über das Schicksal von Sadie Jackson zu bestimmen.

Sie saß auf einem Stuhl in der Ecke und fühlte sich hier sicherer als vorhin auf der Straße mit dem Pöbelhaufen, der nach ihrem Blut schrie. Brian hatte den anderen Jungen die Tür vor der Nase zugeschlagen und sie verriegelt. Dann war Kevin die Treppe heruntergekommen, gefolgt von seiner Schwester, die jetzt eine Kanne Tee braute. Sadie fuhr sich mit der Zunge über die Lippen. Wände streichen macht durstig.

»Soll sie ... soll sie auch welchen kriegen?«fragte Brede, als sie die Teekanne aufnahm, und sah zu Sadie hinüber.

»Ich sehe nicht ein, weshalb wir ihr auch noch Tee geben sollten«, sagte Kevin.

»Von eurem Stinke-Tee will ich gar nichts haben«, sagte Sadie. »Den würde ich ja nicht mal von weitem mit 'nem Spieß umrühren wollen.«

»In diesem Haus hier gibt's keine Spieße. Du befindest dich jetzt nämlich an einem zivilisierten Ort.«

»Da wäre ich von allein nicht drauf gekommen!« Sadie warf sich die Haare nach hinten und sah sich um. Der Raum unterschied sich kaum von ihrer eigenen Küche, außer dem Herz-Jesu-Bild über dem Herd und einer Muttergottes-Statue aus Lourdes im Fenster. Vor Abscheu rümpfte Sadie die Nase. Ihr Dad würde glatt einen Herzanfall kriegen, wenn er sehen könnte, wie sie hier saß und Götzenbilder der Papisten anstarrte. Und doch war es auch irgendwie spannend, in einem katholischen Haus zu sein. Es war das allererste Mal für sie. Und sie hatte es nicht eilig damit, wieder zu gehen, weil sie diese Erfahrung voll und ganz auskosten wollte. Hinterher mußte das eine gute Geschichte für ihre Straße abgeben.

Brede goß Milch in die Tassen und sah wieder Sadie an.

»Sie sieht durstig aus, Kevin. Ein kleines Täßchen könnte nichts schaden.«

»Wieso sollten wir den Durst von Eindringlingen löschen?«

»Sie hat schließlich nichts anderes getan als das, was du gestern abend ebenfalls gemacht hast.«

Kevin warf seiner Schwester einen zornigen Blick zu.
»Aber sie hat mir hinterher auch keinen Tee gegeben.«
»Nein, ich habe dich statt dessen flach auf den Rücken
geworfen.« Sadie grinste.
»Das ist gelogen!« Er fuhr zu ihr herum. Seine Augen
blitzten. »Ich bin ausgerutscht.«
»Tja, da gibt es verschiedene Betrachtungsweisen.«
»Von einem Prod kann man ja auch nicht erwarten, daß
er die Wahrheit sagt.«
»Willst du mir vielleicht weismachen, daß Micks ehrli-
cher sind? Jeder weiß doch, daß man denen nur so weit
über den Weg trauen darf, wie man sie schmeißen kann!«
»Wer ist denn ›jeder‹?«
Brian saß am Tisch und hatte seinen Spaß an dem
Wortabtausch. Kevin und das Mädchen wurden immer
hitziger. Es gab nichts, was Kevin lieber hatte als eine
ordentliche Diskussion. Er war oft ganz verärgert, wenn
Brian oder Brede sich nicht darauf einließen.
Brede füllte den Tee in vier Tassen.
»Zucker?« fragte sie Sadie.
Sadie äugte zu Kevin hinüber.
»Ach, mach schon«, sagte er. »Trink etwas Tee. Du hast
ihn bestimmt nötig, um ein bißchen süßer zu werden.
Und es soll nicht heißen, daß wir unsere Gefangenen
schlecht behandeln.«
»Ungeheuer edel von dir«, sagte Sadie sarkastisch, aber
sie nahm die Tasse an, die Brede ihr hinhielt, denn ihre
Kehle war wie ein Stück Sandpapier, und sie würde
aufhören müssen zu reden, wenn sie nichts dagegen

unternahm. Und das war undenkbar, vor allem, wenn sie sich einem Feind wie Kevin McCoy zu stellen hatte. Sie leerte die Tasse in zwei Zügen. Brede goß sie wieder voll, ohne ein Wort zu sagen.

»Du hast dir also ausgerechnet, du würdest ungestraft davonkommen, wie?« fragte Kevin.

»Wenn mein Schnürsenkel nicht aufgegangen wäre, hätte ich es auch geschafft.«

Kevin schnalzte mit der Zunge. »Du armes Kleines. Mir blutet das Herz.«

»Das kannst du dir sparen. Bevor wir miteinander fertig sind, wirst du alles Blut brauchen können, das du nur kriegen kannst.«

»Das hört sich ja wie eine Kampfansage an.«

Brede trank ihren Tee in kleinen Schlucken und beobachtete dabei das blonde Mädchen. Wenn sie an ihrer Stelle wäre, würde sie vor Angst vergehen. Sadie wirkte jedoch ganz locker, saß entspannt auf ihrem Stuhl. Am Anfang, als sie ins Haus gebracht worden war, hatte sie Angst gehabt: Das hatte Brede an ihren Augen erkennen können. Es war ja auch furchterregend, wenn Menschen sich in Horden zusammenrotteten und anfingen zu schreien. Dann stieg die Hysterie so schnell an, daß die Gruppe wie von einer Seuche erfaßt wurde.

»Du marschierst am ›Zwölften‹ doch mit, oder?« fragte Kevin. »Da gehe ich jede Wette ein. Du bist der Typ, der schon früh damit anfängt.«

»Worauf du dich verlassen kannst.«

»Was wirst du bei der Parade machen?« fragte Brede interessiert. Sie hatte schon mehrfach eine Orangisten-Prozession aus der Ferne beobachtet, hatte sich aber an die Ermahnungen ihrer Eltern gehalten und war nie zu nahe herangegangen. Die Vorstellung, daß dieses Mädchen mitten unter den Männern in ihren dunklen Anzügen und steifen Hüten marschieren würde, erstaunte sie.

»Ich bin Tambourmajorin.«

»Das muß man sich mal vorstellen!« sagte Kevin. Er stelzte als Tambourmajor auf und ab. »Das habt ihr von den Amis übernommen, die machen das so.« Er fing an zu singen: »›Yankee Doodle kam in die Stadt…‹«

»Stimmt ja gar nicht!«

»Natürlich stimmt das. Die Iren haben das nie gemacht, das kannst du mir nicht erzählen. Kaum zu fassen, sie weiß nicht einmal über ihre eigene Organisation Bescheid!«

Sadie zuckte mit den Schultern. »Na und? Was ist schon dabei, wenn wir das von den Amerikanern haben? Orangisten gibt es auf der ganzen Welt: in Kanada, Australien, Neuseeland, sogar in Afrika…«

»Es gibt eben in jedem Land Deppen.«

»Wie zum Beispiel die Katholiken.«

Kevin lachte. »Von uns gibt's wirklich eine Menge, das stimmt.«

»Ja, Rom sorgt schon dafür. Deshalb müssen wir Protestanten ja auch auf der Hut sein.«

»Was meinst du denn, was ihr unternehmen könnt?«

»Es gibt allerhand, was wir tun können«, sagte Sadie

weise. »Und ihr tut ja nur, was man euch sagt, wie eine Schafherde.«

Kevin und Brian lachten.

»Das ist wirklich Spitze«, sagte Brian. »Ein Glück, daß ich darauf gekommen bin, sie hierher zu bringen.«

»Komm, gib uns noch eine Tasse Tee, Brede.« Kevin stellte seine Tasse auf den Tisch und wandte sich dann wieder Sadie zu.

»Dir hat man einen Haufen Lügen eingetrichtert, ist dir das klar? Und du bist so einfältig, daß du alles brav geschluckt hast. Der Himmel steh dir bei, du mußt ja ein armes, halb schwachsinniges Geschöpf sein.«

»Der Himmel möge *dir* beistehen, denn ihr seid vom Tag eurer Geburt an einer solchen Gehirnwäsche ausgesetzt, daß ihr überhaupt nichts mehr kapieren könnt!«

Die Uhr auf der Anrichte schlug mit hellem Klang dreimal.

»Du lieber Himmel!« rief Brian aus. »Drei Uhr. Ich muß mich langsam nach Hause machen, oder Ma schickt den Sicherheitsausschuß nach mir aus.« Er lachte. »Was sollen wir denn nun mit ihr machen?«

»Wir können sie nicht die ganze Nacht über hierbehalten«, sagte Brede. »Dann hätten wir die Polizei hier, wenn nach ihr gesucht wird.«

»Ich meine, daß wir sie dieses eine Mal noch laufen lassen sollten«, sagte Kevin.

»Sehr großmütig von dir«, sagte Sadie.

»Von Rechts wegen sollte sie die Wand saubermachen«, sagte Brian.

»Wir mußten gestern ja auch unsere Hausmauer säubern«, erwiderte Sadie scharf.

»Du bist wohl nie um eine Antwort verlegen, wie?« sagte Kevin.

Sadie stand auf und streckte sich. Am liebsten hätte sie gegähnt, unterdrückte es aber. Vor dem Feind durfte man sich keinerlei Anzeichen von Schwäche geben.

»Ich kann also gehen?«

»Du kannst gehen.«

Sadie machte einen Schritt auf die Tür zu und zögerte.

»Meinst du nicht, daß du sie begleiten solltest, Kevin?« schlug Brede vor. »Es gehört sich nicht für ein Mädchen, um diese Uhrzeit allein durch die Straßen zu laufen.«

Kevin lachte. »Hört euch das an! Brede, du bringst mich eines Tages noch ins Grab. Sie ist doch schließlich auch allein hergekommen – und dazu noch mit einer Büchse oranger Farbe.«

»Da hatte sie ihren Bruder dabei.«

»Der abgehauen ist und sie im Stich ließ.«

»Untersteh dich, so etwas zu sagen!« fiel Sadie über ihn her. »Wir haben es ausgemacht, daß wir nicht aufeinander warten würden. Er ist kein Feigling. Und ich bin auch keiner. Ich habe keine Angst davor, allein durch eure dreckigen alten Straßen zu gehen.«

»Na, na, jetzt werd' nicht ausfallend.«

»Ich kann sie die halbe Strecke über begleiten«, sagte Brian. »Das liegt ja auf meinem Heimweg.«

»Wenn ich mir das so überlege«, sagte Kevin, »sollte ich

sie vielleicht wirklich begleiten. Sie aus unserem Viertel herausbringen. Wir wollen schließlich nicht, daß heute nacht noch mehr Schaden angerichtet wird.«

Brede stellte die Tassen ins Spülbecken und verbarg damit ihr Lächeln. Das konnte Kevin gut: nachgeben, ohne dabei sein Gesicht zu verlieren.

»Danke für den Tee«, sagte Sadie.

»Gern geschehn«, sagte Brede.

Die Jungen gingen links und rechts von Sadie. Die Straßen lagen verlassen da. Sie kamen an der Wand vorbei, an der Sadie und Tommy sich zu schaffen gemacht hatten, und sahen, daß sie gesäubert worden war.

»Wie du siehst, verlieren wir keine Zeit, wenn es was zu erledigen gibt«, sagte Kevin.

»Ich dachte, genau das würdet ihr tun: Zeit vertrödeln«, sagte Sadie. »Und daß es das wäre, was mit euch nicht stimmt. Stinkfaul, alle miteinander.«

»Paß bloß auf, oder du kommst doch nicht heil hier heraus.«

Brian bog an der nächsten Ecke ab. Zu zweit gingen sie weiter, ließen einen Abstand von gut dreißig Zentimetern zwischen sich und wurden nun, da sie allein waren, beide plötzlich still.

Sie kamen am Rand vom Niemandsland an und blieben stehen.

»Wird dir jetzt auch nichts mehr passieren?«

»Natürlich nicht. Mir wäre sowieso nichts passiert.«

»Halt dich in Zukunft mal ein bißchen zurück. Beim nächstenmal hast du vielleicht nicht soviel Glück.«

»Tatsächlich?« Sadie warf den Kopf zurück. »Das werden wir ja sehen. Wir geben nämlich nicht so leicht auf. Das habt ihr schon früher erlebt. Ihr werdet's wieder erleben.«

»Nach Hause mit dir ins Bett. Du brauchst deinen Schönheitsschlaf, sonst siehst du wie eine Hexe aus, wenn es am ›Zwölften‹ losgeht und du mit deinem blöden kleinen Stöckchen herumfuchtelst.«

»Von wegen herumfuchteln!«

Sie entfernte sich. Kevin sah ihr nach. Als sie die Straße halb überquert hatte, hielt sie an und blickte sich um. Sie rief zurück: »Du tust mir echt leid – der Sklave eines Mannes in Rom, den du noch nie im Leben zu Gesicht bekommen hast!«

»Und *du* tust *mir* echt leid – die Sklavin eines Mannes, der schon seit fast dreihundert Jahren tot ist!«

Ein Auto kam die Straße entlang. Sadie rannte schnell zum gegenüberliegenden Bürgersteig. Kevin drehte um und ging durch die Straßen nach Hause zurück. Brede war schon im Bett und schlief.

Kevin und Brede wachten erst spät am Vormittag auf. Die jüngeren Kinder spielten im Hof.

»Das war vielleicht eine Nacht«, sagte Brede und legte dünne Speckscheiben in die Pfanne. »Vielleicht ist es ganz gut, daß Dad heute nach Hause kommt.«

Aber mitten in ihr Frühstück hinein klopfte es an der Tür, und ein Postbote tauchte mit einem Telegramm von ihrem Vater auf. Es lautete: »Oma geht es besser. Auto-Panne. Bleiben noch ein paar Tage.«

»Ein Wunder, daß die Karre es überhaupt bis Tyrone geschafft hat«, meinte Kevin.

Brede sagte, sie dürften sich das lange Aufbleiben nicht zur Gewohnheit machen. Wenn sie jede Nacht so spät ins Bett gingen, verloren sie die halben Tage. Hier saßen sie nun am hellichten Tag über dem Frühstück, und draußen schien die Sonne.

»Ach na ja, so ist das eben«, sagte Kevin. »Manche Nächte sind es wert, daß man lange aufbleibt, und an manchen Tagen lohnt sich das frühe Aufstehen. Ich mache nicht gern jeden Tag dasselbe.«

»Das weiß ich.« Brede sammelte die Teller ein. »Hoffentlich ist das Mädchen gut nach Hause gekommen.«

»Ach, die. Die ist bestimmt gut nach Hause gekommen. Der passiert nicht so leicht etwas. Ein ganz schön freches Biest.« Kevin sah nachdenklich aus.

»Ich fand sie sehr tapfer, wie sie da saß, im feindlichen Lager, und kaum mit der Wimper zuckte.«

»Sie ist ein schwieriger Fall. Ich würde es ihr glatt zutrauen, daß sie es noch einmal versucht und wieder herkommt.«

»Und ich würde es *dir* glatt zutrauen, daß du wieder rüber auf die andere Seite gehst. Mir wäre es lieber, du würdest das sein lassen. Was soll das überhaupt?«

Kevin zuckte mit den Schultern. Manche Dinge konnte man Brede nicht erklären, das wäre pure Zeitverschwendung. Er trocknete ihr das Geschirr ab und machte sich dann mit gutem Gewissen davon. Brian aß gerade ein Marmeladebrot, als Kevin ihn aufsuchte. Er war im

Schlafanzug, und seine Mutter schrie mit ihm herum, weil er erst mitten in der Nacht nach Hause gekommen war. Brians Mutter war richtig gut im Schreien. Sie hatte es zu einer hohen Kunst entwickelt, und niemand in der ganzen Gegend konnte sie darin schlagen.

»Ich warte draußen auf dich«, sagte Kevin. Mit den Händen in den Hosentaschen lehnte er sich an die Hausmauer und genoß die Sonnenwärme auf seinem Gesicht.

Brian kaute und murrte immer noch, als er herauskam. »So wie die auf mir herumhackt, könnte man glauben, ich wäre zwei Jahre alt.«

Zusammen schlenderten sie davon und gingen nach wortloser Übereinkunft auf das protestantische Gebiet zu. Mitten am Tag sah die Grenzstraße anders aus. Es herrschte lebhafter Betrieb mit Straßenverkehr und Fußgängern. Sie sah aus wie eine ganz gewöhnliche Straße. Sie warteten eine Lücke im Verkehr ab und rannten dann hinüber. Ein paar Minuten vertrödelten sie vor dem Schaufenster eines Zeitungshändlers und lasen die aushängenden Zettel: Kinderwagen zu verkaufen, ein Bett, ein Radio. Zimmer gesucht von jungem Mann.

Zwei Soldaten, die sich eifrig miteinander unterhielten, gingen vorbei.

»Ob wir mal einen kleinen Erkundungsgang machen?« fragte Kevin.

Sie bogen in eine der Seitenstraßen ein. Wie alle anderen Straßen in dieser Gegend prangte sie im rot-weiß-blauen Schmuck.

»Wir sollten besser nicht zu weit gehen«, sagte Brian.

»Wir tun doch niemandem was. Wir machen nur einen Spaziergang an einem sonnigen Tag und haben keinen Sprengstoff dabei.«

»Oder Farbtöpfe!«

Sie gingen weiter in das Viertel hinein, als sie es sonst taten. Brian blickte sich unbehaglich um, aber niemand schenkte ihnen Beachtung.

»Uns steht schließlich nicht ›Micks‹ auf den Rücken geschrieben«, sagte Kevin.

»Wohin gehen wir überhaupt?«

»Wir kehren an den Ort unseres Verbrechens zurück. Heißt es nicht, daß Verbrecher immer dorthin zurückkommen, unwiderstehlich hingezogen?« Kevin fing leise an zu pfeifen. *Das Lied des Soldaten.*«

»Damit handeln wir uns nur Ärger ein«, sagte Brian.

Sie fanden das Eckhaus wieder, und seitlich an der Hausmauer befand sich ein ziemlich fleckiger König von Oranien. Er sah aus wie die prähistorischen Höhlenmalereien, die man gerade entdeckt hatte, jedenfalls wie die Art von Gemälden, über die manche Leute in Verzückung gerieten, selbst wenn sich nur hier mal eine Hand und dort mal ein Auge erkennen ließ, weil sie so alt waren. Kevin hatte für solches Zeug noch nie viel übrig gehabt. Brede sagte, daß ihm jedes Gefühl für Geschichte abging. Vielleicht gefiel es ihm in der Gegenwart zu gut. Er schüttelte den Kopf.

»Mensch, das ist ja eine wahre Augenweide. Ein Jammer, daß wir den alten William nicht total erledigt haben.«

Das Geräusch flinker Schritte war zu hören, und dann kam Sadie mit wehendem Haar um die Ecke. Sie hielt an und stemmte die Arme in die Seiten. Ihre Augen funkelten.

»Kommt mal alle her!« rief sie.

Ein Streit und ein Brand

Tommy, Linda und Steve kamen eilig gelaufen, als Sadie rief. Sie waren gerade dabei gewesen, den Wagen eines Nachbarn zu waschen. Jetzt ließen sie die Lappen fallen und trockneten sich im Laufen die Hände an den Jeans ab.

»Schaut euch mal diese beiden Witzbolde an«, sagte Sadie. »Wenn man sie so grinsen sieht, könnte man meinen, daß sie sich auch noch richtig gut finden!«

»Wir werden schon dafür sorgen, daß ihnen das Grinsen vergeht«, sagte Steve.

»Das meinst du wohl«, sagte Kevin. Er hatte die Hände in den Hosentaschen und lehnte mit einer Schulter an der Hausmauer.

»Unverschämtheit, einfach am hellen Tag hierher zu kommen«, sagte Linda.

»Wieso auch nicht?« sagte Kevin herausfordernd. »Wer sagt denn, daß wir in diesen Straßen nicht sein dürfen?

Wir leben in einem freien Land. Das erzählt man uns wenigstens.«

»Es gibt nirgendwo Schilder: Betreten für Katholiken verboten«, sagte Brian.

»Die sollte es aber geben«, knurrte Steve.

»Ihr seid doch nur hier, um Ärger zu machen«, sagte Sadie. »Und das wißt ihr ganz genau.«

»Wir erwidern lediglich euren Besuch von gestern nacht«, sagte Kevin. »Das ist alles. Wir möchten nur unseren gesellschaftlichen Verpflichtungen nachkommen.«

»Hör dir den an!« Linda stieß Tommy mit dem Ellbogen in die Seite.

»Ja, wißt ihr, auch unsereins geht zur Schule.«

»Gut, daß du uns das sagst – von allein wären wir nicht drauf gekommen«, meinte Sadie.

Kevin machte ein paar Schritte um den Bürgersteig. Die sechs Kinder belauerten sich voller Mißtrauen, warteten auf irgendeine plötzliche Bewegung. Sadie stand sprungbereit auf den Fußballen, für den Fall, daß es sich als notwendig erweisen sollte, plötzlich loszustürzen, und sie zweifelte nicht daran, daß es irgendwann dazu kommen würde.

Kevin stellte sich so, daß er die Straße hinuntersehen konnte.

»Das ist vielleicht ein Anblick! All diese schäbigen roten, weißen und blauen Fetzen. Der Herr möge euch beistehen, denn sonst tut's bestimmt keiner.«

»Die sind überhaupt nicht schäbig«, sagte Linda. »Es

sind die besten Girlanden aus Mrs. McConkeys Laden. Wir befinden uns im Wettbewerb mit der nächsten Straße, welche Straße schöner wird. Tommy hat mit einem Jungen um zehn Shilling gewettet und –«

»Halt die Klappe, Linda«, schnauzte Sadie sie an.

Mit zornigen Blicken hielt sie Linda im Schach. Die hatte keine Ahnung, wie man mit dem Feind sprach. Stand einfach da und schwatzte vertraulich drauflos, als wenn sie alle miteinander die besten Freunde wären. Womöglich würde sie jetzt auch noch Straßengeheimnisse verraten, zum Beispiel daß die Frau in Nr. 10 nicht mehr alle Tassen im Schrank hatte und zehn Katzen hielt, die die Plage der ganzen Straße waren. Linda war nett, aber nicht sehr helle, und es war manchmal ein hartes Stück Arbeit für Sadie, sie in den richtigen Bahnen zu halten. Jetzt zum Beispiel warf sie Kevin Blicke zu, als ob er ihr gefallen könnte.

Tommy trat unruhig von einem Bein aufs andere und fragte sich, wie lange sie noch hier herumstehen würden. Er wäre lieber zum Auto zurückgegangen und hätte mit dem Job weitergemacht. Autos gefielen ihm, und er freute sich über die Gelegenheit, an einem Wagen herumfingern zu können. Sadie hingegen war anzusehen, daß sie auf einen Kampf aus war. Ihr Kinn war auf eine Art und Weise vorgestreckt, die ihm bekannt war. Er stand in einer Prügelei seinen Mann und hatte keine Angst davor, aber er konnte nicht behaupten, daß es ihm Spaß machte. Es gab andere Dinge, die er lieber tat. Steve war da schon eher bereit, seine Fäuste zu gebrauchen.

Steve rückte näher an Brian heran, der mit keiner Miene verriet, ob er bemerkt hatte, daß der andere herankam. Linda ging zu den Häusern und lehnte sich mit dem Rücken an die Wand. Sadie und Kevin standen beide am Rand des Bürgersteigs.

Steve fing an, leise den Spruch aufzusagen:

>»Glaubst du, ich ließe
es jemals geschehn,
daß ein dreckiger Mick
eine Lilie berührt?
Denn in ganz Irland kommt keine Blume
King Billys orangefarbener Lilie gleich.«

Steve und Brian setzten sich gleichzeitig in Bewegung und trafen direkt aufeinander. Kevin ging auf Tommy los. Sadie tanzte wie ein Schiedsrichter bei einem Boxwettkampf um sie herum.

»Na, na, jetzt reicht's!«

Die Stimme war laut und befehlsgewohnt. Hier sprach die Polizei. Keuchend ließen die Jungen einander los. Aus Brians Nase strömte Blut. Er fing es mit dem Taschentuch auf.

»Was ist hier los?« fragte der Wachtmeister.

»Nichts«, sagte Sadie.

»Ja, genauso sah es aus!«

»Wir haben nur ein bißchen herumgeblödelt«, sagte Tommy.

»Könnt ihr denn keine nützlichere Beschäftigung finden, als euch gegenseitig zusammenzuschlagen?«

»Wir tun doch etwas Nützliches«, sagte Linda. »Wir machen unsere Straße für den ›Zwölften‹ fertig.«

»Dann solltet ihr mal besser damit weitermachen. Ihr habt nur noch zwei Tage Zeit.« Der Wachtmeister sah Brian und Kevin an. »Euch zwei kenne ich nicht, oder?«

»Wir sind nur mal zu Besuch hierher gekommen«, sagte Kevin.

»Von dort drüben, nicht wahr? Dachte ich mir. Deshalb also die Schlägerei. Was macht ihr überhaupt hier?«

»Einen Besuch abstatten, wie ich Ihnen gesagt habe.«

»Ihr wißt doch ganz genau, daß es besser für euch ist, wenn ihr in euren eigenen Straßen bleibt. Na los, bewegt euch. Auf diese Weise gibt's weniger Ärger.«

Kevin und Brian wandten sich gerade zum Gehen, als der Pfarrer der hiesigen Gemeinde um die Ecke bog. Er war ein energischer kleiner Mann und hatte ein rotes Gesicht. Mit überströmender Herzlichkeit begrüßte er sie und sprach dabei jeden mit Namen an. Bei Kevin und Brian hielt er inne und zog nachdenklich die Brauen zusammen.

»Ich glaube, ich hatte noch nicht das Vergnügen eurer Bekanntschaft.« Er hielt Brian die Hand hin. »Ich bin Pfarrer Gracey.«

Brian ergriff die ausgestreckte Hand und murmelte seinerseits seinen Namen. Er war sich nicht sicher, ob es richtig war, einem protestantischen Pfarrer die Hand zu geben; sein Dad, soviel wußte er, hätte an diesem Anblick jedenfalls keine Freude gehabt.

Kevin steckte die Hände in die Hosentaschen.

»Ich bin Kevin McCoy«, verkündete er.

»McCoy?« Der Pfarrer runzelte die Stirn.

»Ich bin katholisch.«

»Das sieht man ihm doch schon auf den ersten Blick an«, sagte Sadie.

»Das ist aber nett«, sagte der Pfarrer. »Ich freue mich, daß ihr zwei Jungen in aller Unbekümmertheit herüberkommt und euch bei uns umschaut, habe ich nicht recht, Herr Wachtmeister? Die beiden werden feststellen, daß wir gar nicht solche Monster sind, wie? Es ist ein höchst ermutigender Anblick, daß ihr jungen Leute euch verträgt. Höchst ermutigend.«

Linda kicherte, aber davon merkte er nichts. Er strahlte glücklich auf sie alle hernieder.

»Was ist denn mit deiner Nase passiert?« fragte er Brian.

»Ich bin über den Bordstein gestolpert und hingefallen.«

»Wir sollten jetzt gehen«, sagte Kevin.

»Es muß schon bald Essenszeit sein«, fügte Brian hinzu. Sie zogen sich zurück.

»Schön, euch kennengelernt zu haben«, sagte Pfarrer Gracey noch. »Kommt wieder mal her.«

»Wir sehen euch noch«, rief Sadie den beiden Jungen nach. »Es ist noch nicht alles erledigt.«

»Dann laß es auch unerledigt«, warnte der Polizist.

»Zwei nette Jungen, wie es scheint«, sagte Pfarrer Gracey. »Wie habt ihr sie denn kennengelernt?«

»Das ist eine lange Geschichte«, meinte Sadie.

»Zu lange, um sie jetzt zu erzählen«, sagte Tommy hastig. »Aber wir haben etwas anderes, was wir Sie fragen wollten.« Und er erzählte ihm von dem Wettbewerb zwischen den beiden Straßen.

»Ich nehme an, daß es Schlimmeres gibt, was ihr tun könntet«, seufzte der Pfarrer. »Aber auch Besseres. Alte Leute besuchen, zum Beispiel.«

»Ich besuche jeden Morgen meine Oma«, sagte Linda.

»Das ist brav, Linda.«

»Ich mache alle ihre Besorgungen.«

»Also, daß du *alle* Einzelheiten erzählst, ist nun auch wieder nicht nötig«, sagte Sadie.

Bevor der Pfarrer sich verabschiedete, erklärte er sich damit einverstanden, den Schiedsrichter zu spielen. Am Abend des elften Juli würde er die Straßen miteinander vergleichen, sagte er.

»Die Nacht der Freudenfeuer«, sagte Sadie, und ihre Augen leuchteten auf, als tanzte in ihnen schon der Widerschein der Flammen.

An diesem Tag hatte Sadie einen neuen Einfall, wie sie Geld beschaffen konnten: Pommes frites machen und verkaufen. Ihre Mutter wollte am Nachmittag eine Freundin am anderen Ende der Stadt besuchen, und ihr Vater würde sich in Ballymena Windhunde ansehen. Er hatte immer schon die Absicht gehabt, sich einmal einen Windhund zuzulegen, aber da Mrs. Jackson diese Absicht überhaupt nicht hatte, fuhr er ab und zu los und sah sich Windhunde an.

Bevor Mrs. Jackson aufbrach, gab sie Sadie eine lange Liste mit Anweisungen, Dinge, die sie tun, und Dinge, die sie nicht tun sollte. Pommes frites waren darin nicht erwähnt. Sowie ihre Mutter um die Straßenecke gebogen war, hatte Sadie auch schon die Pommes-frites-Pfanne vom Regal geholt und auf den Herd gestellt. Sie schälte zwei riesige Töpfe voll Kartoffeln und diktierte Tommy, was er auf ein Schild schreiben sollte: POMMES FRITES ZU VERKAUFEN. EINE PORTION ZU 4 PENCE. BITTE HIER ANSTELLEN. Das war um zwei Pennies billiger als im Pommes-frites-Laden, ein durchaus anständiger Preis. Linda kam kichernd an und bekam die Aufgabe übertragen, die Kartoffeln in Stücke zu schneiden. Sadie stand über der Pommes-frites-Pfanne und sah zu, wie das Fett heiß wurde.

»Wenn Ma dich erwischt, bringt sie dich um«, sagte Tommy.

»Sie wird mich aber nicht erwischen.«

»Da draußen steht schon eine Schlange an.«

»Das habe ich mir gedacht. Alle Kinder sind verrückt nach Fritten. Man wird schon vom Geruch gepackt.«

»Steve sorgt inzwischen für Ordnung.«

Tommy ging zwischen der Schlange und der Küche hin und her und gab die Bestellungen weiter. »Zwei Portionen mit Salz und Essig, eine Portion ohne…«

»Ich hätte nichts dagegen, in einem Fritten-Laden zu arbeiten«, sagte Linda. »Das macht richtig Laune.«

»Du würdest danach riechen, wenn du es immer machen würdest«, sagte Tommy.

»Oh, das fände ich dann nicht so gut.«

Sie schälten mehr Kartoffeln, gaben mehr Fett in die

Pfanne. Blasse Kartoffelstäbchen wurden in die Pfanne gegeben und tauchten als goldbraune Pommes frites wieder auf. Ein paar aßen sie auch selbst, als sie die Tüten füllten. Als das Geschäft seinen Höhepunkt erreicht hatte, kam Tommy in die Küche gestürzt.

»Dieser rothaarige Kerl aus der nächsten Straße versucht uns unsere Kunden zu vergraulen. Er erzählt ihnen, daß wir verfaulten Mist verwenden. Er sagt, daß das die Kartoffeln aus dem Müll sind.«

»So eine Frechheit!« Sadie kam aus der Küche geschossen, Linda hinter ihr drein.

Draußen auf dem Bürgersteig scharrten ein paar der kleineren Kinder verlegen mit den Füßen. Sie sahen den rothaarigen Jungen nicht an, hörten ihm aber zu.

»Die stinken ja bis zum Himmel. Ich mußte mir die Nase zuhalten, als ich vorbeikam.« Er hielt sich auch jetzt die Nase zu. »Wenn ihr das eßt, dann verfaulen euch die Eingeweide.«

»Was du da für einen Haufen Lügen erzählst«, schrie Sadie ihn an. »Das sind die besten Ulster-Kartoffeln, die man für sein Geld nur kriegen kann.«

Der rothaarige Junge wich ein Stück zurück. Sadie wandte sich an die Kinder. »Einige von euch hatten doch schon welche, und sie haben euch überhaupt nicht geschadet.«

»Sie hatten noch nicht genug Zeit, um ihre Wirkung zu entfalten«, sagte der Unruhestifter. Er griff sich an den Magen. »Später werdet ihr euch vor Schmerzen krümmen.«

»Gleich wirst *du* dich vor Schmerzen krümmen«, drohte Steve. Er und Tommy rückten näher; der rothaarige Junge wich zurück; die Kinder jubelten.

»Zwei gegen einen ist nicht fair«, sagte er.

»Es hat dich schließlich keiner hierher eingeladen«, sagte Tommy.

»Also mach dich fort«, sagte Steve, »und niemand wird dir ein Haar auf deinem zarten Köpfchen krümmen.«

»Wir werden gleich sehen, wer hier ein zartes Köpfchen hat.«

Aber der Rotschopf entschloß sich doch zum Gehen. Mit Steve und Tommy hätte er sich vielleicht eingelassen, aber die Horde der jüngeren Kinder hätte ihm allerhand Schwierigkeiten machen können.

»Der Laden ist wieder geöffnet!« verkündete Sadie. Einige der Kinder machten immer noch bedenkliche Miene. Sie klatschten ihre Pennies von einer Hand in die andere, und ihre Füße schoben sich in die Richtung von Mrs. McConkeys Laden.

»Also, ihr wißt doch, daß gegen meine Fritten nichts einzuwenden ist«, sagte Sadie. »Das hat er euch doch nur weisgemacht, um euch zu vergraulen.«

»Was ist das denn für ein Geruch?« Tommy sog schnuppernd die Luft ein.

»Brandgeruch«, sagte Steve.

»Die Fritten-Pfanne!« schrie Sadie. Sie hatte sie auf dem Gas stehenlassen.

Mit einem Satz war sie im Haus. Flammen schossen die Küchenwände hinauf, als sie die Tür aufmachte.

»Feuer!« gellte Sadie.

»Feuer!« Der Ruf wurde weitergegeben. Türen und Fenster wurden aufgerissen, überall tauchten Köpfe auf. Steve rannte zum nächsten Feuermelder.

Tommy zerrte Sadie von der Küche weg. Sie wehrte sich, wollte zum Spülbecken hin. Ihre Lungen waren voller Rauch, und sie hustete und würgte.

Im Vorraum war Linda, hatte die Hände vor dem Gesicht und kreischte.

»Sei still, du blöde Gans«, fuhr Tommy sie an. »Los, hol Wasser!«

Linda floh.

Tommy stieß Sadie in die gute Stube. Er nahm einen Eimer Wasser, den jemand hereinreichte, und goß ihn gegen die Küche. Die Flammen schwankten, eine Wolke aus schmutzigem Qualm wogte heraus, und dann rückte das Feuer in dem kleinen Raum erbarmungslos weiter vor, prasselnd und fauchend und alles verschlingend, was es auf seinem Weg vorfand. Tommy sah, daß es hoffnungslos war. Er machte die Tür zu.

»Kannst du es nicht aufhalten?« keuchte Sadie.

»Wir müssen raus. Schnell!«

Er zog sie auf die Straße. Auf dem Bürgersteig drängten sich die Nachbarn. Das Pommes-frites-Schild lag auf dem Boden.

»Hier ist die Feuerwehr!« rief Linda.

Das Feuerwehrauto kam mit heulender Sirene und Blaulicht die Straße herunter, das Blaulicht leuchtete auf. Innerhalb von Sekunden folgte ein zweiter Wagen.

»Zurück!« schrie der Polizeiwachtmeister. »Alle zurück-
treten!«

Sie wichen zum Bürgersteig auf der anderen Straßenseite
zurück und sahen zu. Noch ehe der Wagen zum Halt
gekommen war, sprangen die Feuerwehrmänner herunter und begannen die Schläuche abzuwickeln. Dann
betraten sie das Haus der Jacksons.

»Ich sehe gar keine Flammen«, sagte Oma McEvoy.

»Drinnen gibt's davon jede Menge«, sagte Tommy.

Sadie stöhnte.

In ein paar Minuten war das Feuer unter Kontrolle. Es
war auf den hinteren Teil des Hauses beschränkt geblieben.

»Gut, daß du die Küchentür zugemacht hast, Tommy«,
sagte der Polizist. »Ihr könnt jetzt herüberkommen.«

Tommy nahm Sadie bei der Hand und ging mit ihr über
die Straße. Die Küche war völlig ausgebrannt. Sie sah
aus, als habe erst eine Bombe eingeschlagen und als sei
dann ein Unwetter über sie hinweggegangen. Nichts als
schwarze, durchweichte Trümmer. Sadie ließ sich auf der
Stufe vor der Vordertür nieder und weinte.

»Du hättest dir ein Handtuch um die Hand wickeln und
die Pfanne vom Gas nehmen sollen«, sagte ein Feuerwehrmann. »Und dann hättest du die Pfanne in den Hof
werfen sollen. Das ist das erste, was man machen soll.
Wasser darübergießen hilft überhaupt nichts.«

»Pommes-frites-Pfannen sind entsetzlich gefährlich«,
sagte der Polizist kopfschüttelnd. »Was wir schon für
Ärger mit ihnen hatten!«

»Mach dir nichts draus, Mädchen«, sagte der Feuerwehrmann und fuhr Sadie über ihren rußigen Kopf. »Es hätte schlimmer ausgehen können.«

»Viel schlimmer aber nicht«, sagte Tommy.

»Was wird Ma sagen, wenn sie das sieht?« Sadie sah mit nassen Augen zu Tommy hoch.

»Das wirst du bald erfahren. Sie kommt nämlich gerade. Ich kann am anderen Ende der Straße ihren roten Hut sehen.«

Mrs. Jackson
bekommt einen Schreck

»Man kann sagen, was man will«, erklärte Mrs. Jackson ein paar Stunden später, nachdem sie in der Zwischenzeit schon allerhand zu sagen gehabt hatte, »aber in Zeiten der Not gibt es keine größere Wohltat als gute Nachbarn.«

Sie saß in der Küche von Lindas Mutter und trank Tee.

»Fühlen Sie sich ganz wie zu Hause – mein Haus ist auch das Ihre«, sagte Mrs. Mullet.

Mrs. Mullet hatte gekräuseltes Haar und trug hohe, spitze Schuhe, wie sie schon vor zehn Jahren aus der Mode gekommen waren. Vor dem Brand war oft zu hören gewesen, wie Mrs. Jackson bemerkte, daß Mrs.

Mullet nicht ihr Typ war; nach dem Brand war sie ihre beste Freundin. Mr. Mullet und Mr. Jackson waren in die Kneipe gegangen; die Kinder hatte man ins Bett geschickt. Sie waren heilfroh darüber gewesen.

»Eine Frau ohne Küche ist wie ein Auto ohne Motor«, seufzte Mrs. Jackson.

»Sie werden aber doch eine schöne neue Küche bekommen, nicht wahr?« sagte Mrs. Mullet. »Der Hausbesitzer wird jetzt alles herrichten lassen müssen. Er kriegt es ja von der Versicherung bezahlt. Meine Küche hätte es auch dringend nötig.«

»Vor dem ›Zwölften‹ kann nichts mehr gemacht werden«, sagte Mrs. Jackson düster. »Die Handwerker haben alle frei.«

»Sie werden sich damit abfinden müssen und zum Kochen eben hierher kommen.« Mrs. Mullet setzte sich an den Tisch. »Ich hätte unsere Linda umgebracht, wenn sie mir das angetan hätte.«

»Sie war mit Sadie zusammen. Die beiden haben Pommes frites gemacht.«

»Aber ich bin mir sicher, Mrs. Jackson, das war bestimmt Sadies Einfall. Sie ist ziemlich wild, nicht wahr? Oh, sehr frisch und natürlich, meine ich«, fügte sie eilig hinzu, denn sie konnte sehen, daß Mrs. Jackson sich beleidigt fühlte. Aber jeder in der Straße wußte, daß Sadie Jackson eine wahre Plage war. Erst gestern abend hatte Mrs. Mullet mit ihrem Mann über sie gesprochen, und sie hatten sich glücklich gepriesen, daß ihre Linda so ein nettes, höfliches Mädchen war. Sie waren sich darüber einig gewesen, daß sie zuviel Kontakt mit Sadie Jackson hatte. Mrs. Mullet beschloß nun, Linda für den Rest der Ferien zu ihrer Tante nach Lurgan zu schicken. Sie hatten große Pläne mit Linda: sie wollten, daß sie anständig aufwuchs, eine gute Stelle bekam und aus dieser Gegend hier wegzog. Vielleicht heiratete sie ja einen Bankangestellten oder sogar einen Lehrer... Wer konnte das wissen?

»Kommen Sie jetzt, Mrs. Jackson, essen Sie auf. Sie müssen ja halb verhungert sein. Nach einem solchen Schock braucht der Körper Nahrung.«

Im Haus gegenüber lagen Sadie und Tommy in ihren Betten. Langsam brach die Dunkelheit herein. Elektrisches Licht gab es nicht, selbst wenn ihnen danach zumute gewesen wäre, es anzuknipsen. Bei dem Feuer waren alle Leitungen durchgebrannt. Die beiden hörten den letzten Kindern zu, die noch auf der Straße spielten, und lauschten ihren Rufen.

Sadie fröstelte es. Ihr war kalt, schon seit das Feuer gelöscht war. Wenn sie die Augen zumachte, konnte sie immer noch die Flammen sehen, die an der Küchenwand hochschossen. In ihrem Kopf dröhnte die Stimme ihrer Mutter. »Dir kann man keine Sekunde lang trauen, Sadie Jackson. Kaum läßt man dich aus den Augen, stellst du auch schon was an...« Das war alles schon früher gesagt worden, bei anderen Gelegenheiten. Sadie seufzte. Sie hatte Pech gehabt. Aber morgen würde sich ihre Mutter schon etwas daran gewöhnt haben, und mit ein bißchen Glück würde sie den größten Teil des Tages drüben bei den Mullets verbringen.

Sadie fragte sich, was die auf der anderen Seite jetzt wohl trieben...

Die McCoys gaben wieder eine Party.

»Klar – warum auch nicht?« sagte Kevin. »Die Freiheit dauert sowieso nicht mehr lange. In ein paar Tagen ist Dad wieder hier.«

Kates Vater hatte an diesem Tag mit einer Ladung Schrott ein gutes Geschäft gemacht und spendierte ihnen einen Kasten Cola. Brian und Kevin legten für Pommes frites zusammen, und Brede hatte einen großen Blechkuchen aus Rührteig gebacken.

»Ich mag Parties«, sagte Brede, »solange es nicht allzu viele Leute sind.«

Sie waren nicht mehr als ein Dutzend, aber damit war ihre Küche auch schon gerammelt voll. Der Fiedler kam wieder und der Junge mit der Gitarre. Sie sangen *Grüne Uniformröcke, Einstmals wieder eine Nation* und *Hüllt mich in die grüne Fahne ein* genauso wie die neuesten Pop-Songs. Wenn es zwischen den Liedern still wurde und sie nach draußen lauschten, konnten sie die Flöten und Trommeln von drüben hören.

»Die müssen aber schrecklich viel üben«, sagte Brian.

»Ich glaube, ihnen gefällt einfach der Klang«, sagte Brede.

Kevin war voller Unruhe. Brede beobachtete ihn, wie er den Gesang dirigierte und hin und her sprang, um neue Colaflaschen aufzumachen. Manchmal ging er für einen Augenblick nach draußen in den Hof, sah zum Himmel hinauf und vergaß die Leute in der Küche. Er hatte Anfälle von Rastlosigkeit, daß er kaum noch stillsitzen konnte. Das waren gefährliche Zeiten, denn dann verlangte es ihn nach Aufregung. In solchen Zeiten stellte er Dinge an, die ihm Ärger einbrachten. Bisher war er in keine ernsthaften Schwierigkeiten geraten, aber, wie ihr Vater zu sagen pflegte: Es führte immer eins zum anderen.

Brede ging ihm in den Hof nach. »Was ist los?« fragte sie leise.

»Nichts. Warum sollte etwas los sein? Ich genieße doch nur die Nachtluft. Es ist ein schöner Abend, ein Abend, an dem man draußen sein sollte.«

»Geh heute abend nicht weg, Kevin. Bleib beim Haus. Du hast es Dad versprochen.«

Er zuckte mit den Schultern. Singend lief er in die Küche zurück. Aber seine Augen funkelten.

Als es dunkel war, löste sich die Party auf. Alle außer Brian gingen nach Hause. Brede spülte das Geschirr, und er trocknete ab.

»Na, Brian, was steht heute abend auf unserem Stundenplan?« fragte Kevin.

»Was immer du willst.«

»Wieso denn das, was Kevin will?« fragte Brede heftig. »Du bist doch gar nicht so für Aufregung, Brian, oder?«

»Ich bin aber auch nicht dagegen.«

»Natürlich nicht.« Kevin schlüpfte in seine Jacke und zog den Reißverschluß zu. »Er ist schließlich ein Mann, Los, Brian, laß Brede die Frauenarbeit allein weitermachen.«

»Kommt aber bloß nicht am Morgen an, um euch bei mir auszuheulen«, rief Brede ihnen nach.

Die Hände in den Hosentaschen, schlenderten die Jungen die Straße entlang. Ein Polizist kam vorbei.

»Habt ihr ein bestimmtes Ziel, wo ihr hinwollt?«

»Wir gehen nur spazieren«, antwortete Kevin. »Ein schöner Abend für einen Spaziergang.«

»In euren Betten wärt ihr aber besser aufgehoben.«

Sie machten einen Umweg, damit der Polizist nicht sehen konnte, wie sie ins protestantische Viertel hinübergingen. Inzwischen kannten sie den Weg zum Haus der Jacksons.

Sie kamen an dichtgedrängten Haufen Jugendlicher vorbei, die sich an Straßenecken gruppiert hatten, gingen aber weiter, als ob sie ganz unbekümmert wären. Die Jungen musterten sie erstaunt, konnten aber nichts wissen.

An der Ecke bei den Jacksons stand niemand.

Brian schnupperte. »Komischer Geruch. Irgend etwas hat hier gebrannt.«

Kevin nahm Anlauf und sprang an der Mauer hoch, die die Häuserreihe abschloß. Mit seinen Gummisohlen fand er mühelos Halt. Oben auf der Mauer hockte er sich hin und sah in den Hinterhof der Jacksons hinunter. »Hier hat es gebrannt«, flüsterte er Brian zu. »Paß auf, ob jemand kommt.« Dann ließ er sich auf der anderen Seite hinunter.

Nach der beleuchteten Straße wirkte der Hof stockdunkel. Die schwarzgebrannte Küche war der Nachtluft

ausgesetzt, Fenster und Türen standen offen. Kevin trat
vorsichtig ein. Seine Schuhe quietschten. Er blieb stehen
und lauschte. Das Haus war totenstill. Vielleicht hatte
man die ganze Familie evakuiert. Er machte die Küchentür auf, wobei er verkohltes Holz unter seinen Fingern
fühlte, und befand sich nun in einem engen Flur. Durch
die Verglasung oben in der Vordertür fiel etwas Licht von
der Straße herein.

»Du hast vielleicht Nerven«, hörte er in Gedanken Brede
sagen. Als er sich das vorstellte, grinste er in die Dunkelheit hinein.

In diesem Augenblick ging die Vordertür auf, und die Gestalt einer Frau zeichnete sich dunkel im Türrahmen ab.
»Wer ist da?« rief sie.

Er stieß ein geisterhaftes Heulen aus und setzte sich dann
schleunigst in Bewegung. Begleitet von ihrem Schreien,
setzte er sich nach draußen durch den Hof und über die
Mauer ab.

WIR ERGEBEN UNS NICHT

»Ich bin zu Tode erschrocken!« verkündete
Mrs. Jackson. Es schien ihr nicht möglich zu sein, noch
etwas anderes zu sagen. Sie saß in der guten Stube,
umgeben von ihrer Familie, und trank Kognak.

Sadie fröstelte nicht mehr. Sobald der Tumult im Erdgeschoß begonnen hatte, war die Hitze in ihren Körper zurückgekehrt. Ungeduldig wartete sie darauf, daß ihre Mutter Genaueres berichtete. Sie wollte mehr wissen, wollte eine Beschreibung des Eindringlings haben, der sich wie ein Werwolf angehört hatte. Sie wollte ihren Verdacht bestätigt bekommen.

»Wie sah er aus, Ma?«

Mrs. Jackson schüttelte den Kopf und beäugte die Kognakflasche. Sie wußte ein Schlückchen Kognak bei bestimmten Anlässen sehr zu schätzen, und jetzt war ja nun wirklich ein Anlaß. Ansonsten hatten sie den Kognak nur als Medizin im Haus. Ihr Mann gab ihr noch einen kleinen Schuß ins Glas.

»Das beruhigt den Magen.«

»Ich könnte jetzt eine Cola brauchen«, sagte Sadie. »Mein Hals ist ganz trocken.«

»Wir haben keine Cola. Die Küche ist ausgebrannt, hast du das vergessen?«

»Aha, jetzt geht's dir schon wieder besser, Ma.«

»Komm mir jetzt bloß nicht mit deinem frechen Mundwerk.«

Sadie ließ sich in einen Lehnstuhl fallen. Sie hätten dem Eindringling nachsetzen können, wenn man ihnen nur die geringste Gelegenheit dazu gegeben hätte, aber bis ihre Mutter ihren hysterischen Anfall überwunden hatte, war er schon auf und davon. In der Straße war nicht einmal mehr der Hauch von einer Spur von ihm gewesen. Sie hatten nach allen Richtungen Ausschau gehalten, waren stehengeblieben und hatten gelauscht, ob sich eilige Schritte vernehmen ließen, aber außer dem Blöken einer Schiffssirene vom Hafen her war nichts zu hören gewesen.

»Wir werden es der Polizei melden müssen«, sagte Mr. Jackson.

Seine Frau nickte. »Unbedingt. Wir sind ja jedem beliebigen Kerl ausgeliefert, dem es in den Sinn kommt, über unsere Mauer zu springen. Da hast du heute vielleicht etwas angerichtet, Sadie Jackson!«

»Wir können nach hinten zu ja alles mit Brettern vernageln«, schlug Tommy vor.

»Da hast du morgen früh gleich eine Aufgabe, Tommy«, sagte sein Vater.

Tommy stöhnte. »Wir sind immer noch dabei, die Straße zu schmücken. Diese Ferien sind eine einzige Schinderei.«

»Du kannst dich jetzt gleich mal anziehen und einen Spaziergang zur Polizei machen.«

»Ich kann ja gehen«, bot Sadie an und sprang auf die Füße.

»Du gehst nicht«, sagte ihre Mutter. »Es kommt nicht in Frage, daß ein Mädchen deines Alters nachts um diese Uhrzeit durch die Straßen läuft. Nein, auch dann nicht, wenn Tommy dabei ist. Du gehst ins Bett.«

Sadie stieg die Treppe hinauf, ging aber nicht zu Bett. Sie lehnte sich aus dem Fenster und sah zu, wie Tommy gemächlich die Straße entlangschlenderte. Von wegen Gleichberechtigung! Nichts als dummes Gerede. Man mußte sich alles erst erkämpfen, wenn man ein Mädchen war.

Bei den Mullets brannte immer noch Licht, aber es war nicht Lindas Fenster. Die schlief jetzt bestimmt wie ein Murmeltier. Wenn niemand sie weckte, würde sie den ganzen Tag verschlafen. An dem erleuchteten Fenster wurde der Vorhang angehoben. Mrs. Mullet beobachtete Tommy bei seinem Gang durch die Straße. Sadie konnte Mrs. Mullet nicht ausstehen. Sie war genau so, wie Sadie unter keinen Umständen werden wollte, wenn sie erwachsen war.

Als sie Schritte hörte, lehnte sich Sadie noch weiter hinaus und sah Tommy mit dem Polizisten zurückkommen. Der Wachtmeister sah zu ihr hinauf.

»Wenn du nicht aufpaßt, fällst du noch hinaus und brichst dir den Hals«, warnte er.

Er und Tommy gingen ins Haus. Sie ließen sich in der guten Stube nieder. Das Steigen und Fallen von Stimmen war zu hören.

Sadie zog sich ein paar Kleidungsstücke über. Sie mußte jetzt einfach hinaus. Das Haus war wie ein Käfig. Sie stopfte das Bett aus, damit es so aussah, als läge jemand drin, falls ihre Mutter einen Blick zur Tür herein warf. Dann balancierte sie auf dem Fensterbrett und ging in die Knie, bevor sie sich nach unten auf die Straße fallen ließ. Ein kleiner Ruck an ihrem Knöchel, mehr nicht. Sie verlagerte ihr Gewicht auf das andere Bein, um ihn zu entlasten, und ging dann weiter.

Nach ein paar Minuten Dauerlauf kam sie am Haus der

McCoys an. In keinem Fenster brannte Licht. Kevin hatte sich nach seinem Ausflug bestimmt hingelegt, um tief und fest zu schlafen. Sie versuchte es an der Vordertür. Wie sie vermutet hatte, war nicht abgeschlossen.

Die Tür ging ohne Knarren auf. Sadie trat ein und machte die Tür hinter sich zu.

Der Flur war so ähnlich wie der bei ihr zu Hause. Sie streckte die Hand aus und ertastete Bilder an den Wänden. Sicherlich Heiligenbilder. Von oben kam das Geräusch tiefer Atemzüge. Die schliefen wie die Engelchen. Sadie grinste.

Mit drei Schritten war sie in der Küche. Sie riskierte es, das Licht anzumachen. Es würde ja nur nach hinten zum Hof hin zu sehen sein. Die Küche war sauber und ordentlich. Zwei Geschirrtücher hingen über einer Stange. Auf der Anrichte tickte die rot-weiße Uhr.

Nachdenklich sah Sadie sich um. Sie mußte ihn irgendwie wissen lassen, daß sie seinen Besuch erwidert hatte. Ihr Blick fiel auf einen Kugelschreiber, der neben der Uhr lag. Sie nahm ihn und wollte etwas an die Wand schreiben, aber in dieser Stellung schrieb der Kuli nicht. Sie würde den Tisch nehmen müssen. Er war aus Holz und gründlich gescheuert; für ihre Zwecke durchaus geeignet.

Sie setzte sich und schrieb in großen Druckbuchstaben: KING BILLY WAR HIER. ES LEBE KING BILLY. Man würde schon ordentlich schrubben müssen, um das wieder abzukriegen. Kugelschreiber war das reinste Teufelszeug, wie ihre Ma zu sagen pflegte, und ging nur schwer heraus. Sadie malte die Buchstaben ein zweitesmal nach, damit die Tinte ins Holz eindrang. Befriedigt legte sie den Kugelschreiber fort und stand auf.

Kevin stand in der Tür und sah ihr zu. Sie war in ihre Tätigkeit so vertieft gewesen, daß sie nicht einmal das Öffnen der Tür bemerkt hatte.

»Sieh mal an, wer da ist.« Er schüttelte den Kopf. »Diesmal wirst du nicht ungeschoren davonkommen.«

Sie schätzte rasch ihre Chancen ab. Auf dem Regal am Abtropfbrett stand eine rot-weiße Büchse, auf der MEHL stand. Sie packte die Dose, riß den Deckel herunter und schüttete den Inhalt über Kevin aus. Sie sah noch, wie er, eingehüllt in Weiß, wild mit den Armen schlug, und hörte ihn husten und spucken, ehe sie die Hintertür aufmachte und floh.

Der Hof war von anderen Hinterhöfen umgeben. Das Haus stand nicht am Ende der Reihe wie das der Jacksons, mit Zugang zur Straße über die Seitenmauern. Sie turnte auf die hintere Mauer, die zwei mit der Hinterseite aneinandergebaute Häuserreihen voneinander trennte. Geduckt wie eine Katze kroch sie über die Mauer.

Rufe erklangen hinter ihr, in den Fenstern wurde es plötzlich hell. Sadie machte sich noch eiliger davon, fast auf allen vieren, und schrammte sich die Hände blutig. Als sie über die Schulter zurückblickte, sah sie in einem Hof den Strahl einer Taschenlampe. Sie würde in Deckung gehen müssen.

Im nächsten Haus war alles dunkel. Mit einem Satz ließ sie sich in den Hof fallen und stolperte gegen die Mülltonne. Sie klappte den Deckel auf. Es war eine große

Mülltonne, und sie war leer. Der Geruch war nicht gerade angenehm, aber etwas Gestank war immer noch besser, als gefangengenommen zu werden. Die Geräusche kamen näher. Sadie kletterte in die Tonne, kauerte sich zusammen und machte oben den Deckel zu.

Einen Augenblick lang befürchtete sie, sich übergeben zu müssen. Sie hielt sich die Nase zu und schluckte kräftig. Und sie hatte keinen Zentimeter Platz, konnte sich nicht bewegen. Im nächsten Moment waren Schritte im Hof, und sie vergaß den Gestank. Ihr Herz klopfte so laut wie eine Lambeg-Trommel. Sie konnte es deutlich hören und wunderte sich, daß die da draußen es nicht ebenfalls hörten. Der Gedanke an Lambeg-Trommeln munterte sie etwas auf. Ihr fielen die Lehrlinge von Derry ein. »Wir ergeben uns nicht!«

»Auch hier ist keine Spur von ihr zu sehen.«

Sie konnte Licht aufblitzen sehen, als der Hof mit Taschenlampen ausgeleuchtet wurde.

»Wir werden jeden Hof durchsuchen. Bis zur Straße kann sie es nicht geschafft haben. Dazu hatte sie nicht genug Zeit. Hast du hinter der Mülltonne nachgesehen?«

»Ja. Dort ist auch nichts.« Jemand trat mit dem Fuß seitlich gegen die Tonne, und Sadie spürte, wie sich der Stoß in ihrem Körper fortsetzte.

»Sie hat sich irgendwo versteckt. Da bin ich mir ganz sicher.« Das war Kevins Stimme. »Ich gehe jetzt nach Hause und putze nur das Mehl ab. Sag den Wachtposten, daß sie weiterhin an beiden Enden der Straße Wache halten sollen, vorne und hinten. Sie sitzt in der Falle.«

Lichtstrahl, Schritte und Stimmen entfernten sich. Sadie wartete noch ein paar Minuten, um ganz sicherzugehen, hob dann den Deckel hoch und kletterte in die frische Nachtluft hinaus. Alles an ihr stank. Sie klopfte sich die alten Kartoffelschalen ab, die ihr an den Kleidern hingen, und schüttelte sich kräftig, wie ein Hund, der aus dem Wasser kommt.

Jetzt war sie müde und sehnte sich nach ihrem Bett. Aber wie sollte sie dort hingelangen?

Keine Spur von Sadie

Morgendämmerung. Mit steifen Beinen ging Kevin um den Häuserblock herum, müde von der langen Wache. Er hatte an vier strategischen Punkten Wachen aufgestellt, so daß die Straße, in der er wohnte, und die Parallelstraße dahinter abgeriegelt waren. Der Himmel wurde jetzt rasch heller. Rosa und grüne Streifen flammten auf, durchbrachen das Grau und schickten Lichtstrahlen nach unten zwischen die Häuser. Alles befand sich noch im Schlaf, außer ihm selbst und seinen vier Wachleuten. Und das Mädchen? Was machte sie jetzt? Bestand die Möglichkeit, daß sie zu Hause war und ebenfalls schlief? Das war kaum denkbar. Wenn sie ihm unter die Finger kam...

Das Mehl war eine furchtbare Sauerei gewesen. Es hatte ihm an den Wimpern geklebt, war in Mund und Nase gedrungen. Er hatte den Kopf unter den Wasserhahn halten müssen, und dann war das Mehl zu Teig geworden. Brede hatte das Zeug mit einem Löffel abgekratzt. Bei dieser Erinnerung kam ihm frische Energie, und sein Schritt wurde wieder fester. An der Ecke stieß er auf Brian, der mit gekreuzten Beinen dasaß. Sein Kopf pendelte nach vorn. Kevin stieß ihn mit der Fußspitze an.

»Aus dir wird ja mal ein schöner Wachtposten! Du würdest den Feind mit einem ganzen Lkw voll Sprengstoff vorbeilassen!«

»Ich habe nicht geschlafen, ehrlich nicht. Hab nur mal die Augen zugemacht.« Brian massierte sich die Muskeln. »Ich habe einen Krampf im Bein.«

»Kein Wunder. Wenn du in Bewegung geblieben wärst, hätte dir das nicht passieren können. Hoffentlich ist das Mädchen nicht hier durchgekommen.«

»Ausgeschlossen.«

»Ich nehme an, daß Sam sie von dort drüben gesehen hätte, selbst wenn sie dir entgangen wäre. Er scheint immer noch wach zu sein. Geh du jetzt nach Hause ins Bett und klopf unterwegs Tim Flaherty heraus.«

»Und was meinst du wohl, was Mrs. Flaherty mir erzählt, wenn ich um diese Uhrzeit ankomme und an ihrer Tür herumhämmere?«

»Mrs. Flaherty weiß genau wie alle anderen auch, daß die Männer in Zeiten der Not antreten müssen, um ihre Pflicht zu tun.«

»Notzeiten! Du hörst dich an, als hätte sich ein ganzer Trupp Orangisten hier verkrochen und nicht nur ein einziges Mädchen.«

Kevin zuckte mit den Schultern. »Sie soll trotzdem nicht ungeschoren davonkommen. So unverschämt, wie die ist.«

»Hat dich ganz schön blamiert, was?« Brian grinste, und Kevin dachte, daß Brian ihm manchmal gewaltig auf die Nerven ging.

»Tim Flaherty kannst du vergessen. Geh heim und halt dein Schönheitsschläfchen. Du kannst es gebrauchen.« Brian hinkte davon, der Krampf in seinem Bein war immer noch nicht ganz weg. Kevin gab auch dem anderen Jungen Bescheid, daß er gehen könnte: »Ich passe an beiden Seiten auf.«

Er lehnte sich gegen die Mauer und sah zu, wie die Sonne emporstieg. Von den Dächern zwitscherten lärmend die Vögel herab. Der Milchmann kam die Straße entlang.

»Sie haben auch kein Mädchen gesehen, oder?« fragte Kevin. »Mit langen blonden Haaren.«

Der Milchmann schüttelte den Kopf. »Ich habe überhaupt keine Mädchen gesehen. Noch zu früh für sie.«

Um sieben berief Kevin auch die anderen Wachtposten ab. Brede war schon auf und machte gerade Tee. Er nahm eine Tasse, setzte sich auf die Stufe vor der Tür und trank.

»Sie ist also entkommen?« sagte Brede, die ihm nachgegangen war und sich nun ebenfalls auf der Stufe niederließ.

»Sieht so aus. Sie muß an Brian vorbeigekommen sein.«

»Sie hat in meiner sauberen Küche ein entsetzliches Durcheinander angerichtet. Überall Mehl, und der Tisch ganz voll Kugelschreiber!« Brede schüttelte den Kopf. »Was Ma wohl sagen wird, wenn sie den Tisch sieht. Ich habe ihn ordentlich geschrubbt, aber der Kugelschreiber geht nicht ab. Wenn die Geschäfte aufmachen, hole ich ein Bleichmittel und versuch's damit.«

»Dad trifft der Schlag, wenn er mit ›Es lebe King Billy‹ vor Augen essen soll. Eine Unverschämtheit von dem Mädchen!«

»Hör auf, dich so aufzuregen, und denk nicht mehr darüber nach. Du siehst ganz erschlagen aus. Leg dich doch für eine Stunde ins Bett.«

»Das könnte ich eigentlich machen. Jetzt läßt sich sowieso nicht viel tun.« Er gähnte und streckte sich. Dabei spürte er, wie sich die Müdigkeit im ganzen Körper ausbreitete. »Da tanke ich lieber ein bißchen Kraft für später.«

»Später? Was hast du denn vor?«

»Bis jetzt noch nichts. Aber das kann nicht ungerächt bleiben. So etwas nennt man eine Provokation.«

»Und daß du ihre Mutter vor Angst halb wahnsinnig gemacht hast? Wenn man dem glauben kann, was du erzählst, hast du das jedenfalls getan. Eins provoziert das andere. Wann soll denn endlich damit Schluß sein, Kevin?«

»Wenn die eine Seite sich geschlagen gibt.« Er stand auf.

»Und diese Seite werden bestimmt nicht wir sein.«

»Du gibst wohl nie nach, wie?«

»Wieso sollte ich? Hier geht's ums Prinzip. Wir verteidigen unsere Religion, Brede.«

Brede seufzte. »Vielleicht ist das nur eine Ausrede. Um ein guter Katholik zu sein, muß man den Protestanten nicht die Wände vollschmieren.«

»Du bist Pazifistin, das ist es.« Er ging ins Haus.

»Und ist das vielleicht etwas Unanständiges?« rief sie ihm nach.

Sie machte den Kindern das Frühstück und ließ dabei die Hintertür zum Hof offen. Die beiden jüngsten spielten mit einem alten Gummireifen, setzten sich hinein und taten so, als wären sie in einem Boot. »Aus Brede wird mal eine großartige Mutter«, pflegte ihre Mutter oft zu sagen. Jetzt in der Küche fragte sich Brede, ob es das war, was sie wollte: so weiterzumachen wie ihre Mutter. Sie wollte noch etwas anderes. Zuerst wollte sie arbeiten, wollte mehr Leute kennenlernen. Und wenn sie dann doch heiratete, wollte sie nicht in so einer aneinandergebauten Wohnsiedlung leben, wo die Kinder nur einen kleinen Hof zur Verfügung hatten und wo es kein Gras, nichts Grünes gab. Sie würde gern auf dem Land wohnen wie ihre Tante Rose, und wenn sie dann an einem Sommermorgen Frühstück machte, würde sie durch die offene Tür auf Blumen sehen, und vielleicht liefen ein paar Hühner umher... Kevin trieb sich lieber in den Straßen herum; ihm gefiel das Landleben nicht so gut wie ihr. Er mochte Aufregung. Und allzu oft bedeutete das Ärger.

Nach dem Frühstück räumte sie die Küche auf und

machte die Betten. Dabei ging sie leise vor, um Kevin nicht zu wecken. Er schlief den Schlaf der Erschöpften, hatte einen Arm über den Kopf gelegt und die Beine schlaff von sich gestreckt.

Kate kam vorbei, und sie und Brede setzten sich auf die Türstufe in die Sonne. Brede erzählte, was sich in der Nacht ereignet hatte, und Kate war ganz enttäuscht, daß sie das alles verpaßt hatte.

»Du bist wirklich glücklich dran mit einem solchen Bruder wie Kevin«, seufzte sie. »Wo er ist, ist immer etwas los.«

»Etwas? Zu viel! Aber jetzt schläft er ja, Gott sei Dank. Da können wir mal zur Ruhe kommen.«

Die Sonne war warm und angenehm. Brede dachte immer wieder daran, daß sie zum Laden gehen und Bleichmittel besorgen sollte, aber heute morgen war sie zu faul dazu. Die kleinen Kinder spielten straßauf, straßab, die älteren Jungen waren im Bett und holten den Schlaf nach, den sie bei ihrer nächtlichen Tätigkeit versäumt hatten. Brede gähnte. Sie fragte sich, was das Mädchen jetzt wohl machte.

Der zehnte Juli

Das Datum war das erste, was Mr. Jackson ins Bewußtsein drang, als er wach wurde. Noch zwei Tage bis zum »Zwölften«. Dann fiel ihm ein, daß der Kalender hinten an der Küchentür verbrannt war, zusammen mit allem anderen. Beim Gedanken an das Durcheinander, das ihn unten erwartete, seufzte er. Der »Zwölfte« wurde ihm damit etwas verleidet.

Nachdem sie so spät in die Betten gekommen waren, standen die Jacksons entsprechend spät auf. Mrs. Jackson verkündete, daß sie überhaupt nicht einschlafen konnte. Jedesmal, wenn sie die Augen zugemacht hätte, wäre wieder die bedrohliche dunkle Gestalt vor ihr aufgetaucht, und sie hätte sein schrilles Kreischen gehört. Sie würde zum Arzt gehen müssen, um sich Tabletten geben zu lassen. Und da war ihre Küche, völlig niedergebrannt. Sie konnte nicht einmal das Frühstück zubereiten. Das würden vielleicht Feiertage werden!

Mr. Jackson ließ sie mit ihrem Geschimpfe im Schlafzimmer zurück und ging nach unten. Er holte Tommys Primuskocher und stellte ihn auf einem Tablett in die gute Stube. Mrs. Jackson bereitete auf der zischenden blauen Flamme das Frühstück zu, wobei sie weiterschimpfte.

»Die Vorhänge riechen nach Rauch und die Sesselbe-
züge...«

Sie benutzten die gute Stube sonst nur zu besonderen
Gelegenheiten.

»Ich mache das Fenster auf, wenn du fertig bist«, sagte
Mr. Jackson. »Es muß einmal richtig durchgelüftet
werden.«

»Ha, das Fenster klemmt doch schon seit Jahren.«

»Ich gehe mit einem Messer ran.«

Mrs. Jackson ging zum Fuß der Treppe und rief: »Sadie!
Tommy! Aufstehen!«

Tommy rollte sich aus dem Bett und blieb einen Augenblick in einem Sonnenfleck auf dem Boden sitzen. Von
unten kam ein leckerer Duft. Er zog sich rasch an.

Aus Sadies Zimmer war kein Laut zu hören. Er machte
die Tür auf und sagte: »Steh auf, du Faultier.« Gerade
wollte er wieder gehen, als ihm auffiel, wie sonderbar die
Bettdecken aussahen. Er zog sie zurück und entdeckte
das Kleiderbündel, mit dem Sadie das Bett ausgestopft
hatte. Er ging nach unten.

»Wo ist Sadie?« fragte seine Mutter.

»Sie muß weggegangen sein.«

»Weggegangen?«

»Es ist schon nach zehn, Aggie«, sagte Mr. Jackson. »Sie
war noch nie der Typ, der lang im Bett liegen bleibt.«

»Dieses Mädchen kennt überhaupt keine Rücksicht-
nahme«, sagte Mrs. Jackson. »Macht einfach, was sie
will. Sie wird wohl wiederkommen, wenn sie Hunger
hat, nehme ich an.«

»Es ist erstaunlich, daß du sie nicht gehört hast, als sie ging«, sagte Mr. Jackson. »Wo du doch die ganze Nacht wachgelegen bist.«

Seine Frau warf ihm einen ihrer »Blicke« zu, womit sie ausdrückte, daß das, was er gesagt hatte, keiner Antwort würdig war.

»Du kannst für mich zu Mrs. Mullet gehen und das Geschirr hinbringen, Tommy«, sagte sie. »Als ob ich nicht schon genug zu tun hätte, auch ohne daß ich mit meinen Tellern in die Nachbarschaft laufen muß, um spülen zu können...«

Tommy trug das Geschirr in einer Schüssel hinüber. Linda saß mit düsterer Miene in der Küche, während ihre Mutter auf hohen Pfennigabsätzen herumstöckelte, eine Zigarette im Mundwinkel.

»Morgen, Tommy«, sagte sie, ohne die Zigarette herauszunehmen. Tommy sah fasziniert zu, wie sie mit der Zigarette im Mund sprach. Er wunderte sich, daß sie sich nicht verschluckte.

»Morgen, Tommy«, sagte Linda. Ihr Gesicht hellte sich etwas auf, als sie Tommy sah. Sie richtete sich auf und strich sich das Haar hinter die Ohren.

Tommy stand mit der Schüssel in Händen da.

»Stell die Schüssel ab, mein Junge«, sagte Mrs. Mullet. »Willst du deiner Mutter das Geschirr spülen? Könnte dir nicht schaden.«

»Ich trockne dir ab«, bot Linda an.

Mrs. Mullet ließ sie bei der Arbeit allein und ging nach oben. Bald hörten sie über sich das Klappern ihrer Absätze.

Tommy haßte es, spülen zu müssen. Autowaschen – ja, Geschirr abwaschen – nein. Er schnitt der Schüssel eine Grimasse.

»Ich spüle«, sagte Linda. »Trockne du ab.«

Mit einem Geschirrtuch in der Hand stellte er sich neben das Abtropfbrett.

»Was war denn los mit dir, als ich hereinkam?« fragte er.

»Mama möchte mich zu meiner Tante nach Lurgan schicken, und ich möchte da nicht hin. Meine Tante ist einfach tödlich. Läßt mich überhaupt nichts machen. Außerdem –« Linda warf Tommy einen Seitenblick zu, »außerdem würden mir meine Freunde fehlen.«

Tommy nahm den ersten Teller aus dem Seifenschaum und trocknete ihn sorgfältig ab. Es würde die Laune seiner Mutter nicht verbessern, wenn er ihr auch noch das halbe Geschirr zerschlug, dessen war er sich bewußt.

»Sag das doch deiner Mutter.«

»Es macht ihr nichts aus, wenn ich meine Freunde vermisse. Ich glaube sogar, daß sie mich deshalb wegschicken möchte.« Linda sah ihn wieder von der Seite an. »Sie findet, daß ihr alle einen schlechten Einfluß auf mich habt.«

»Findet sie?« Diese Vorstellung bekümmerte Tommy nicht weiter. Er wünschte jedoch, Linda würde sich etwas beeilen und weiterspülen, damit er wieder nach draußen konnte.

»Es geht speziell um Sadie. Mama sagt, daß sie sich noch dicken Ärger einhandeln wird, und wenn sie in Schwierigkeiten gerät, soll ich nicht dabei sein.«

»Da fällt mir ein – hast du Sadie heute schon gesehen?«

»Ich war noch nicht aus dem Haus.«

Als das Geschirr gespült und abgetrocknet war, trug Tommy es in der Schüssel zurück. Seine Mutter prüfte Stück für Stück und sah in den Tassen nach, ob auch kein Zucker mehr am Tassenboden klebte. »Hm. Gar nicht übel.«

»Und nicht mal ein Eckchen herausgeschlagen, Ma.«

»Das wollte ich dir auch nicht geraten haben!«

Draußen wartete Linda auf ihn. Zusammen gingen sie zu Steve und fanden ihn im Hinterhof. Er putzte die Schuhe für die ganze Familie.

»Du bist aber fleißig«, sagte Linda.

»Ich arbeite. Was habt ihr beide denn getrieben?«

»Wir haben für Tommys Mutter das Geschirr gespült. Aber sie hat uns überhaupt nichts dafür gegeben.«

»Sie ist immer noch sauer wegen des Küchenbrands«, erklärte Tommy.

»Na, dann hilf mir mal mit den Schuhen, Tom.«

Die beiden Jungen hockten sich auf den Boden und polierten die Schuhe, bis sie glänzten. Linda saß auf der Stufe zur Hintertür und besah sich ihre Fingernägel. Sie gähnte.

»Vertrödelt nicht den ganzen Tag damit. Es gibt noch mehr zu tun.«

»Oh, mein Dad hat gestern abend eine alte Fahne hervorgeholt«, berichtete Steve. »Sie ist purpurrot und gold, und ›All dies werden wir bewahren‹ steht darauf.«

»Ein richtig guter Spruch, das habe ich schon immer

gefunden«, sagte Linda. »Wir werden die Fahne ganz oben in der Straße anbringen. Das ist genau das, was uns noch gefehlt hat.«

Sie nahmen die Fahne und hängten sie auf. Sie sah etwas zerknittert aus, aber Linda meinte, daß sich die Falten schon bald aushängen würden.

»Hängt sie gerade?« fragte Steve.

»Es geht so«, sagte Tommy. »Komm, wir gehen ein Stück spazieren. Ich muß mir mal die Beine vertreten.«

Sie gingen die Hauptstraße hinunter. Linda lief auf der Innenseite des Bürgersteigs, an den Schaufenstern entlang; Tommy und Steve gingen nebeneinander und hielten dabei etwas Abstand zu ihr.

Als sie an der Straße ankamen, die an das katholische Viertel angrenzte, blieben sie stehen.

»Ich frage mich, wo Sadie steckt«, sagte Tommy. Er starrte auf die andere Straßenseite.

»Du glaubst doch nicht, daß sie dort drüben sein könnte?« fragte Steve.

»Wie ich Sadie kenne…« Tommy zuckte mit den Schultern. »Die kann überall sein. Ich hol mir jetzt einen Kaugummi.«

Er ging in den Süßwarenladen und kaufte ein Päckchen Kaugummi.

»Haben Sie Sadie heute morgen gesehen?« fragte er.

Die Frau dachte einen Augenblick lang nach. »Das könnte ich nicht mit Sicherheit behaupten. Nein, hier im Laden war sie nicht.«

Tommy, Steve und Linda kauten mit rhythmischen

Kieferbewegungen ihren Kaugummi und schlenderten durch die Seitenstraßen zurück nach Hause. Dabei warfen sie einen Blick in jede Straße. Tommy schlüpfte schnell zu Mrs. McConkey hinein, um nach Sadie zu fragen, aber auch Mrs. McConkey hatte sie nicht gesehen. Und auch keins der Kinder, die sie fragten, war ihr begegnet. Und sie alle kannten Sadie.

»Komisch«, sagte Tommy.

»Vielleicht ist sie jetzt schon zu Hause«, meinte Steve.

Sie kamen zum Haus der Jacksons.

»Bis nach dem Essen«, sagte Linda.

Tommy ging hinein. Sein Vater war immer noch in Hosenträgern. Er saß in der guten Stube und las die Zeitung.

»Deine Ma bringt gerade das Essen von Mrs. Mullet herüber.«

Mrs. Jackson kam mit einer dampfenden Schüssel voll Eintopf herein.

»Was ist das nur für ein Leben!« sagte sie. »Na komm schon, Tommy, hilf mir mal. Du kannst mir die Teller halten.«

»Es ist wie im Krieg«, sagte Mr. Jackson. »Nach den Luftangriffen mußten wir über dem offenen Feuer kochen. Ich kann mich noch daran erinnern, wie meine Mutter auf dem Kaminvorleger kniete.« Er schüttelte den Kopf. »Kommt mir wie gestern vor.«

»Wo ist denn Sadie?« fragte Mrs. Jackson und sah sich um, als hielte sich Sadie vielleicht in einer Ecke versteckt.

»Ich weiß nicht«, sagte Tommy.

»Was soll das heißen, du weißt es nicht?«

»Ich habe sie nicht gesehen.«

Mrs. Jackson schimpfte vor sich hin, daß sie ihr das Essen aber nicht warmhalten könnte. Tommy aß seinen Anteil, obwohl er keinen Hunger hatte. Mit gefurchter Stirn leerte er seinen Teller.

»Wo steckt das Mädchen nur?« wollte Mrs. Jackson wieder wissen, als sie den Nachtisch austeilte.

»Ich glaube, ich gehe sie jetzt mal suchen«, sagte Tommy. »Meinen Nachtisch esse ich später.«

Er trommelte Linda und Steve zusammen.

»Wir kämmen alle Straßen durch. Fragt jeden, den ihr trefft.« Sie teilten das Viertel untereinander auf, wobei Linda das kleinste Stück zugeteilt bekam. Tommy ging gründlich vor, hielt an jedem Bauplatz an, vor jedem Lagerhaus. Er suchte alle Plätze ab, an denen er und Sadie oft gespielt hatten. Nirgends fand sich eine Spur von ihr. Als er zur Straße zurückkehrte, sah er, daß Steve und Linda auf ihn warteten, ohne Sadie. Sie schüttelten den Kopf.

»Sie kann doch nicht verschwunden sein«, rief Tommy verzweifelt.

»Vielleicht ist sie zu einem fremden Mann ins Auto eingestiegen«, sagte Linda, und ihre Augen waren ganz groß und rund.

»Red nicht so blöd daher. Sadie ist kein Idiot. Sie würde nie mit einem Fremden mitgehen.«

»Nein«, sagte Steve. »Aber wir wissen, wo sie hingehen würde.«

»Eben«, sagte Tommy.

Sie setzten sich auf den Bordstein und starrten auf ihre Füße.

»Es bleibt uns nichts anderes übrig«, sagte Steve. »Wir werden hinübergehen müssen.«

»Du bleibst hier, Linda«, sagte Tommy.

Linda zog eine Schnute.

»Du willst doch nicht, daß dir jemand was tut, oder?« fragte Steve.

Sie begleitete die Jungen bis zu der Straße, an der sich die beiden Viertel berührten.

»Wenn ihr bei Einbruch der Dunkelheit noch nicht zurück seid, schicke ich ein Suchkommando nach euch aus«, rief sie ihnen nach.

Tommy und Steve bummelten lässig über die Straße und wichen einem Bus so knapp aus, daß der Fahrer wild hupte. Die Straßen vor ihnen sahen ruhig aus.

Sie kamen an zwei kleinen Kindern vorbei, die mit einem alten Kinderwagen spielten, an einer Frau, die ein Baby trug, und an einem alten Mann, der vor seiner Eingangstür saß. Niemand zeigte irgendein Interesse an den beiden Jungen.

»Hier in dieser Gegend schläft wohl alles«, sagte Steve. An der nächsten Straßenecke lungerten zwei Jungen in ihrem Alter herum. Alle vier starrten einander an, dann gingen Steve und Tommy weiter. Als sie zurückschauten, sahen sie, daß die beiden anderen verschwunden waren.

»Paß auf«, sagte Tommy. »Das macht jetzt die Runde.«

Sie gingen weiter, ohne ihr Tempo zu beschleunigen oder

zu verlangsamen. Die Hände behielten sie weiterhin in den Hosentaschen.

»Hier ist ein Laden«, sagte Tommy. »Da fragen wir.«

Das Geschäft war wie der Laden von Mrs. McConkey: in ihm gab es alles zu kaufen. Es war keine Kundschaft da.

»Können Sie uns sagen, wo Kevin McCoy wohnt?« fragte Tommy.

Die Frau kam zur Tür und wies ihnen die Richtung.

Sie folgten ihrer Beschreibung und fanden die Straße ohne Mühe. Ihnen fiel auf, daß hier mehr Jungen waren; sie lehnten sich müßig an die Hausmauern. Niemand sprach oder rührte sich.

Die Tür der McCoys war geschlossen, während die anderen Türen in der Straße zumeist offenstanden. Tommy klopfte und blieb vor dem Eingang stehen. Steve lehnte sich an die Wand und sah zur Straße hin.

Die Tür wurde von Kevin McCoy geöffnet.

»Na so etwas!« rief er aus, aber Tommy merkte, daß er überhaupt nicht überrascht war. »Willst du uns einen Höflichkeitsbesuch abstatten? Es muß sich ja um eine offizielle Angelegenheit handeln, wenn du bei uns anklopfst.«

»Ich möchte meine Schwester abholen.«

»Deine Schwester?« Kevin runzelte die Stirn, und Tommy fragte sich zum erstenmal, ob er mit seiner Vermutung wirklich recht hatte.

»Ja, Sadie. Du kennst sie ja.«

»Oh, ich kenne sie sehr wohl.« Kevin lächelte. »Sie läuft uns ja dauernd über den Weg. Aber sie ist nicht hier.«

»Wo ist sie dann?«

»Woher soll ich das wissen? Warum weißt du's denn nicht? Du bist doch ihr Bruder, oder?«

Ein paar von den Jugendlichen waren näher gerückt und standen im Halbkreis um sie herum. Steve behielt sie wachsam im Auge.

»Sie ist verschwunden.«

»Verschwunden?« Kevin lachte. »So eine wie sie kann gar nicht verlorengehen. Da ist es schon viel wahrscheinlicher, daß sie abgehauen ist. Sie ist so ein Ausreißer-Typ.«

»Wir haben sie seit voriger Nacht nicht mehr gesehen.«

»So, so. Seit gestern nicht mehr. Du meine Güte. Das tut mir ja so leid.« Kevin grinste übers ganze Gesicht.

»Du hast sie gesehen, nicht wahr?«

»Sie ist mir nicht unter die Augen gekommen.«

»Du lügst!«

Der Halbkreis rückte dichter zusammen, schloß sich etwas enger.

»Was ist denn, Kevin?« ertönte Bredes Stimme hinter ihm.

Sie tauchte neben ihm auf und sah Tommy an.

»Wer ist das, Kevin?«

»Niemand, den du kennst. Das ist auch besser so.«

»Ich bin Tommy Jackson«, sagte Tommy schnell. »Sadies Bruder.« Er sah, wie es in ihren Augen aufblitzte. »Du kennst sie, nicht wahr?«

»Wir sind uns begegnet«, sagte sie langsam.

»Ich bin auf der Suche nach ihr. Sie ist von zu Hause verschwunden.«

»Wir können dir nicht helfen«, sagte Kevin.

Brede sah ihn an. »Aber Kevin...« fing sie an.

»Was denn?« fragte Tommy.

»Nichts«, sagte Kevin. »Ab mit dir in die Küche, Brede.«

»Ich werde nichts dergleichen tun«, sagte sie. »Du kannst mich nicht in die Küche abkommandieren, Kevin McCoy.«

Tommy lächelte. Sie hatte sanfte braune Augen und kurzgeschnittenes dunkles Haar, das sich lockig um den Kopf schmiegte. Er wandte sich bittend an sie.

»Hast du Sadie gesehen? Wenn ja, dann sag es mir bitte. Ich mache mir Sorgen um sie.«

Brede zögerte. Sie wurde von einer Menge Augen beobachtet.

»War sie letzte Nacht hier?«

»Ja.«

»Sie ist hergekommen und hat unsere Küche versaut. Aber wir wissen nicht, wo sie jetzt ist«, sagte Kevin grob.

»Das ist die reine, heilige Wahrheit.«

»Du weißt doch gar nicht, was reine, heilige Wahrheit ist!« sagte Steve, der es nicht länger aushielt, sich herauszuhalten.

Daraufhin entstand Gemurmel unter den Jungen; sie drückten sich noch ein Stück näher heran. Einer machte sich mit den Fingerknöcheln an Tommys Rücken zu schaffen. Er sah sich jedoch nicht um.

»Es stimmt«, bestätigte Brede. »Wir haben sie seit den frühen Morgenstunden nicht mehr gesehen.«

»Jemand muß sie doch gesehen haben!« rief Tommy.

»Wir verabschieden uns dann wohl«, sagte Kevin. »Wenn du nach Hause gehst, findest du sie vielleicht dort schon vor. Möglich, daß sie sich die ganze Zeit versteckt hat, um dir Angst einzujagen. Ihr traue ich das durchaus zu.«

Der Halbkreis öffnete sich gerade weit genug, um sie durchzulassen. Tommy sah zu Brede zurück.

»Hoffentlich findet ihr sie«, sagte sie.

»Laßt die beiden gehen, Jungs«, sagte Kevin. »Wir wollen ja nicht, daß sie Geschichten darüber verbreiten, wie fünf Dutzend Katholiken über sie hergefallen sind.«

Die Gruppe folgte Tommy und Steve im Abstand von etwa zehn Metern, es wurde »*Die Jungen von Wexford*« gepfiffen, und jemand machte beleidigende Bemerkungen über King Billy und seine Anhänger. Steves Gesicht überzog sich mit einer immer tieferen Röte.

»Laß dir nichts anmerken«, sagte Tommy. »Tu so, als ob du nichts gehört hättest. Wir können jetzt keine Schlägerei gebrauchen. Die würden uns in Grund und Boden stampfen.«

»Wenn es die halbe Anzahl wäre, würde ich mich darauf einlassen«, sagte Steve. »Was machen wir denn jetzt?«

»Nach Hause gehen und nachsehen, ob sie da ist.«

»Und wenn nicht?«

»Alles meinem Dad erzählen.« Tommy seufzte.

»Was wird er denn machen?«

»Zur Polizei gehen, nehme ich an.«

»Dieser McCoy hatte es merkwürdig eilig damit, die Tür wieder zuzuschlagen. Ich würde mich gar nicht wundern, wenn er mehr wüßte, als er vorgegeben hat. Er hat, glaube ich, nicht die Wahrheit gesagt.«

»Aber seine Schwester, die schon, da bin ich mir sicher«, sagte Tommy.

Sadie wird entdeckt

Kevin schloß die Tür und ging hinter Brede her in die Küche. »Wozu hast du ihm das erzählt?«

»Er macht sich Sorgen.«

»Das ist seine Sache. Und ihre Schuld.« Kevin stellte sich an die Hintertür und sah in den Hof hinaus. »Ich frage mich, wo sie steckt.«

»Hoffentlich ist alles in Ordnung mit ihr.«

»Wenn nicht, dann haben wir jedenfalls nichts damit zu tun. Sie ist aus eigenem, freiem Entschluß hierher gekommen, hat mich von oben bis unten mit Mehl bestäubt und hat unseren Tisch vollgeschmiert. Vergiß das nicht.«

»Ich hab's nicht vergessen.« Brede holte eine Flasche vom Regal herunter und schraubte den Verschluß ab. Es roch in der ganzen Küche scharf nach Bleichmittel.

»Nein, laß das«, sagte Kevin, als Brede etwas Bleichmittel in eine Schüssel gießen wollte. »Der Tisch soll so bleiben, wie er ist.«

»Aber warum denn?«

»Beweismaterial. Es kann gut sein, daß die Polizei hier aufkreuzt.«

Brede schraubte die Flasche wieder zu. »Ich hoffe nur, daß das alles vorbei und erledigt ist, bevor Dad zurückkommt.«

»Das hoffe ich auch! Und der schnellste Weg, die Sache hinter uns zu bringen, wäre, das Mädchen zu finden und sie schleunigst nach Hause zu schicken.« Kevin kratzte sich am Kopf. »Sie muß sich irgendwo versteckt halten.«

»Hier bei uns, meinst du?«

»Sieht so aus. Wir hatten den Wohnblock abgeriegelt. Falls sie also nicht an Brian vorbei entwischt ist, als er schlief, müßte sie immer noch in diesem Bereich sein.«

»Das heißt, daß sie bei irgend jemand im Hinterhof ist.« Kevin nickte nachdenklich.

»Aber die Höfe sind so klein, daß sich kaum eine Katze darin verstecken könnte«, wandte Brede ein. »Sie wäre doch entdeckt worden, sobald am Morgen die Hintertür aufgemacht wurde.«

»Außer wenn die Hintertür eben nicht geöffnet wurde.«

»Alle machen am Morgen die Hintertür auf. Vor allem im Sommer.«

»Aber nicht, wenn keiner da ist.« Kevins Augen leuchteten auf. »Brede, das muß es sein!«

»Damit könntest du recht haben. Jetzt sind etliche Leute verreist.«

Kevin holte ein Blatt Papier und einen Stift herbei, und sie stellten eine Liste der Häuser in der Straße zusammen, die zur Zeit leerstanden. Bei der Straße, die hinten an ihre Straße anschloß, wußten sie nicht so genau Bescheid, deshalb rannte Brede los und holte Kate herbei. Das war nämlich ihre Straße.

Insgesamt waren es acht Häuser, in denen niemand war. Kevin prägte sich die Liste genau ein.

»Aber wie willst du in die Höfe hineinkommen, Kevin?« fragte Brede.

»Ich werde über die hintere Mauer gehen müssen.«

»Man würde dich anbrüllen, daß du von der Mauer verschwinden sollst, bevor du auch nur ein paar Meter weit gekommen wärst«, sagte Kate. »Du weißt doch, wie die Leute hier sind.«

»Und damit wäre das Mädchen gewarnt«, sagte Brede. »Und überhaupt, es soll ja nicht die ganze Straße Bescheid wissen, was los ist.«

»Stimmt, hier muß man diskret vorgehen«, pflichtete Kevin ihr bei, und Brede zwinkerte Kate zu. »Es müßte irgendeine Ablenkung auf der Straße geben. Etwas, was die Leute zur Vordertür lockt.«

»Auf zwei Straßen«, erinnerte Kate.

»Wir könnten eine Prügelei anfangen«, sagte Brian, der vor einem Augenblick hereingekommen war.

Brede stöhnte. »Etwas anderes fällt euch Jungen wohl nie ein. Deswegen würde niemand zur Haustür gehen.«

»Ihr müßt einfach Krach machen«, sagte Kevin. »Holt alle Kinder zusammen und sagt ihnen, daß sie einen Höllenspektakel machen sollen, so laut sie nur können. Trommeln schlagen, schreien, was immer sie wollen.«

Brian und Kate liefen los.

»Ich bleibe hier im Hauptquartier«, sagte Brede. »Man kann nie wissen – vielleicht werde ich hier gebraucht. Um die Verwundeten zu versorgen oder so.«

»Du hast gar keinen Grund, so sarkastisch zu sein.«

Sie folgte ihm in den Hof. »Jetzt paß schön auf, daß du nicht hinfällst und dir weh tust.«

Er wollte ihr einen leichten Knuff geben, aber sie wich geschickt aus. Sie warteten an der Mauer, bis sie den zunehmenden Lärm von der Straße hörten.

»Das klingt, als meinten sie's ernst«, sagte Brede.

Kevin sprang auf die Mauer. Rasch lief er auf ihr entlang und blieb beim ersten Haus der Liste stehen. Er ließ sich in den Hof hinunter, überprüfte ihn, kontrollierte die Hintertür und fand nichts. Wieder rauf auf die Mauer und weiter zum nächsten Haus. Die Höfe lagen verlassen da, bei den Vordertüren gab es jetzt bestimmt Gedränge. Der Lärm war laut genug, um ganz Belfast zusammenzutrommeln. Der nächste Hof, den er durchsuchte, war leer, und der nächste ebenfalls. Das letzte Haus auf der Liste war am Ende der Straße. Auch hier ergab sich nichts. Wo konnte sie hingegangen sein? Mit gerunzelter Stirn blieb er einen Augenblick lang stehen und fuhr sich mit beiden Händen durchs Haar. Dann schwang er sich über die Mauer, die den Wohnblock beschloß, und wäre beinahe auf dem Rücken von Mrs. Lavery gelandet, die für ihre spitze Zunge bekannt war.

»Was um alles in der Welt ist denn heute los?« fuhr sie ihn an. »Dieser entsetzliche Krawall, und dann kommt so ein großer Bengel wie du und schmeißt mich um ein Haar flach auf den Rücken. Was hattest du hier drin überhaupt zu suchen, Kevin McCoy?«

»Nichts.«

»Eben. Sollte mich nicht wundern, wenn du gar nichts Gutes im Schilde geführt hast. Wart nur, wenn dein Dad wieder zurück ist.« Damit ging sie weg und brummte dabei weiter vor sich hin. Zwei Kinder bekamen von ihr im Vorbeigehen eine gelangt.

Kevin suchte Brian auf und sagte ihm, daß er die Demonstration wieder abblasen konnte. Die Kinder hatten ihren Spaß an dem Höllenlärm und hörten nur ungern auf.

»Okay, Schluß damit, jetzt reicht's.« Brian patrouillierte den Häuserblock wie ein Polizist.

Kevin ging zu Brede zurück.

»Sie könnte inzwischen zu Hause sein«, vermutete Brede. »Es wäre vielleicht keine schlechte Idee, wenn man das in Erfahrung brächte.«

»Das wäre wirklich gar nicht so dumm...«

»Aber du solltest auf keinen Fall gehen«, warnte Brede. »Dein Gesicht kennen sie zu gut.«

Brian kam herein, um zu berichten, daß jetzt wieder Ruhe herrschte, mehr oder weniger. Ein paar Enthusiasten trommelten zwar immer noch weiter, würden der Sache aber zweifellos bald überdrüssig werden. Oder die Nachbarn würden dafür sorgen, daß sie der Trommelei überdrüssig wurden.

»Was nun?« fragte er.

Sie erzählten ihm, was sie sich überlegt hatten, und er

machte das Angebot, selbst zur Straße der Jacksons zu
gehen.

»Mich kennen sie nicht so gut. Und ich kann die Sonnen-
brille meiner Schwester aufsetzen.«

»Verhalte dich unauffällig«, sagte Kevin, der lieber selbst
gegangen wäre. Aber er wußte, daß Brede recht hatte.
Und überhaupt hatte er das komische Gefühl, daß das
Mädchen immer noch irgendwo hier in der Umgebung
war, nicht weit entfernt, und wenn jemand sie fand, dann
würde er das sein.

Er ging wieder hinaus und machte einen Kontrollgang
um den Häuserblock. Kate kam mit. Die ganze Zeit über
redete sie auf ihn ein, über die Frechheit protestantischer
Mädchen und über ähnlich gelagerte Themen. Er sagte
nicht viel und sah nicht einmal so aus, als würde er
zuhören. Aber so waren Männer eben. Ihr Vater verhielt
sich genauso, wenn ihre Mutter ihm etwas erzählte.

Nach drei Rundgängen gestatteten sie sich eine Erho-
lungspause. Sie lehnten sich an die Wand, die den Häuserblock abschloß, und warteten auf Brians Rückkehr.

»Hier kommt er.« Kate brach in schallendes Gelächter
aus. »Mit dieser Brille sieht er echt bescheuert aus.«

Die Brillengläser waren groß und rund, wie blaue
Monde, und verdeckten die Hälfte von Brians Gesicht.

»Mit diesem Ding auf der Nase hat sich bestimmt halb
Belfast nach dir umgeschaut«, sagte Kevin.

»Niemand hatte auch nur einen zweiten Blick für mich
übrig.«

»Vielleicht konntest du das nur nicht sehen!«

Brian nahm die Brille ab und blinzelte im Sonnenlicht. »Mir ist völlig schleierhaft, wie unsere Nancy die tragen kann. Mir ist schon ganz schlecht geworden, weil alles so blau aussah.«

»Und was hast du zu berichten?«

»Sie ist noch nicht aufgetaucht. Es herrscht ein Riesenwirbel. Die Frauen werden unruhig und plagen die Männer, daß sie etwas unternehmen sollen. Es ist die Rede davon, daß sie gekidnappt wurde.«

»Gekidnappt!«

Sie gingen zu den McCoys zurück. Brede saß auf der Stufe vor der Haustür. Die anderen hockten sich neben sie auf den Bürgersteig. »Ich habe nachgedacht«, sagte sie. »Sie muß bei irgend jemandem ins Haus hineingekommen sein. Jemand muß vergessen haben, die Hintertür abzuschließen.«

»Aber ich habe alle Türen kontrolliert«, sagte Kevin.

»Ja, bei diesen acht Häusern. Aber ich habe hin und her überlegt, wer sonst noch die Tür offengelassen haben könnte. Und ich bin zu dem Schluß gekommen, daß es Mr. Mooney gewesen sein könnte. Er ist gestern ganz plötzlich ins Krankenhaus gebracht worden, weißt du noch?«

»Brede, das könnte es sein.« Kevin sprang auf. »Ihn hatte ich ganz vergessen. Möglicherweise ist auch seine Vordertür nicht versperrt. Das werden wir herausfinden. Wenn offen ist, dann gehen Brede und ich hinein, und Brian und Kate halten draußen Wache.«

Auf der Straße war jetzt niemand mehr, mit Ausnahme

von ein paar kleinen Kindern, die in ihr Spiel vertieft waren. Kevin drückte Mr. Mooneys Türklinke herunter. Sie gab nach.

Er nickte zu Brede hinüber, und sie schlüpfte vor ihm ins Haus. Dann schloß er die Tür.

Im Flur war es dämmrig. Die Türen zu den beiden Räumen im Erdgeschoß waren zu. Kevin ging zu der Tür, die zur Küche führte, und riß sie auf.

Und da saß Sadie Jackson auf dem Tisch, aß Kekse und las eine zerknitterte alte Zeitung.

»Ich habe vergessen, die Vordertür zu überprüfen«, sagte sie. »Das war dumm von mir.«

»Sehr dumm«, stimmte Kevin ihr zu.

»Na, habt ihr mich gesucht? Ich habe gesehen, wie du vorhin über die hintere Mauer gekrochen bist. Du hast wie einer von den Affen im Zoo ausgesehen.« Sadie lächelte und baumelte mit den Beinen. Ausnahmsweise einmal schien Kevin um eine Antwort verlegen.

»Wie lange wolltest du hier bleiben?« fragte Brede.

»Bis es dunkel wird. Ich habe ein paarmal auf die Straße gesehen, aber ich hätte keine Chance zum Entkommen gehabt.«

Sie baumelte immer noch lächelnd mit den Beinen, behielt sie aber wachsam im Auge. Kevin stellte sich mit dem Rücken an die Flurtür.

»Du hast uns viel Ärger gemacht.«

»Das war meine Absicht.«

»Und deine Familie macht sich Sorgen um dich«, sagte Brede. »Dein Bruder hat heute morgen nach dir gesucht.«

Sadie zuckte mit den Schultern. Sie rutschte vom Tisch herunter. »Dann sollte ich jetzt vielleicht besser gehen.«

»O nein, das wirst du nicht.« Kevin erwischte sie am Arm. »So einfach kommst du nicht davon.«

»Laß sie in Ruhe, Kevin«, sagte Brede. »Du wolltest doch, daß sie nach Hause kommt.«

»Nicht, bevor sie für ihre Sünden gebüßt hat.«

»Hör sich das einer an!« Sadie warf den Kopf zurück, daß ihre lange Mähne nach hinten flog. Ihr Haar sah verwirrt aus und hätte gekämmt werden müssen. »Richtiges Papisten-Gerede.«

»Du kannst unseren Küchentisch saubermachen, und dann lassen wir dich gehen.«

Er führte Sadie zur Vordertür. Kate und Brian warteten auf dem Bürgersteig.

»Also war sie doch da«, sagte Kate. »Und wie sie aussieht. Als ob sie in einer Mülltonne gesteckt hätte.«

Sadie warf Kate einen mordlüsternen Blick zu.

»He«, sagte Brian. »Seht mal, wer da kommt.«

Sie wandten sich um. Ein kleiner Trupp Männer mit zwei Polizisten an der Spitze kam die Straße herauf.

»HILFE!« schrie Sadie.

EINE KONFRONTATION

Die Männer hatten die Kinder im Nu umringt. Sadie stellte sich zwischen ihren Vater und ihren Bruder und ließ es zu, daß ihr Vater den Arm um ihre Schultern legte. Sie rieb an den Spuren, die Kevins Finger auf ihrem Handgelenk hinterlassen hatten, so daß sich die Haut an dieser Stelle noch stärker rötete.

»Sie haben mich gekidnappt«, sagte sie. »Ich war die ganze Nacht lang bei ihnen gefangen.«

»Das ist eine Lüge«, brüllte Kevin.

»Es ist wirklich nicht wahr«, sagte Brede ruhig.

»Weshalb sollte sie sonst die ganze Nacht hierbleiben?« fragte Sadies Vater und kam einen Schritt näher an Kevin heran.

»Es wäre vielleicht keine schlechte Idee, wenn Sie Sadie diese Frage stellen würden.«

»Aha«, sagte der Polizeibeamte und stieß Mr. Jackson leicht in den Rücken. Er sah Probleme voraus, wenn es nicht rasch zu einer Klärung kam. Es bedurfte nur noch ein paar beleidigender Äußerungen von beiden Seiten, dann ein, zwei Steinwürfe, und schon hätten sie es mit einem Aufruhr zu tun. »Überlassen Sie das mir.«

»Und was soll er Ihnen überlassen, Herr Wachtmeister?«

fragte eine Stimme über die Köpfe der Menschenansammlung hinweg.

Brians Vater, Pat Rafferty, stand da, in voller Größe von einem Meter dreiundneunzig und mit Schultern wie ein Ochse, und baute sich vor ihnen auf. Die Schlagkraft seiner Fäuste war wohlbekannt, und er hatte deswegen gelegentlich schon einmal eine Nacht im Kittchen verbracht. Wenn er betrunken war, dann mußten gleich vier Polizisten kommen und ihn abführen. Jetzt war er nüchtern, hatte aber die Fäuste leicht geballt.

»Immer mit der Ruhe, Pat«, sagte der Polizeibeamte. »Ein Mädchen wurde als vermißt gemeldet, und wir haben einen Hinweis bekommen, daß sie hier sein könnte. Und da war sie auch.«

»Gegen meinen Willen festgehalten«, warf Sadie ein.

»Sie lügt«, schrie Brian.

»Wenn mein Sohn sagt, daß sie lügt, dann lügt sie auch«, stellte Pat Rafferty fest. »Ich habe ihn dazu erzogen, die Wahrheit zu sagen.«

»Die Wahrheit!« höhnte einer von den protestantischen Männern. »Ihr wißt doch gar nicht, was das Wort überhaupt bedeutet.«

»So ist das also? Dann komm mal hier heraus, und ich werde dir die Bedeutung schon zeigen.«

Die Kinder jubelten. Pat Rafferty hob die Fäuste.

»Hören Sie auf damit, Rafferty.« Der Polizist sah, daß sich inzwischen eine große Menge angesammelt hatte: Frauen und Kinder. Die Gruppe, die er anführte, wurde immer mehr gegen die Wand gedrückt und würde bald keinen Platz mehr haben, um etwas unternehmen zu können.

»Zurück!« rief er. »Treten Sie zurück!«

Niemand schenkte ihm auch nur die geringste Beachtung.

»Wenn sie für eine Schlägerei hergekommen sind, dann können sie das von Herzen gerne haben«, sagte Pat Rafferty.

»Wir sind nicht zu einer Schlägerei gekommen«, sagte Mr. Jackson. »Ich bin wegen meiner Tochter hergekommen.«

»Na, jetzt haben Sie sie ja, wie es scheint. Sie können sie mit nach Hause nehmen. Niemand hält Sie davon ab.«

»Wir wollen unser Recht«, sagte Mr. Mullet. »Wir werden es nicht zulassen, daß uns unsere Mädchen vor der Nase gekidnappt werden.«

»Wer würde die schon wollen?« fragte Brian.

Die Menge lachte, wirbelte ein wenig herum, und jemand schlug dem Polizisten die Uniformmütze herunter, aus Versehen oder auch nicht. Ein kleines Kind trat sie mit dem Fuß hoch in die Luft. Pat Rafferty fing sie auf und schob sie sich auf den Hinterkopf. Sie war ihm um etwa drei Größen zu klein. Wieder gab es Gelächter.

»Meine Mütze bitte«, sagte der Polizeibeamte.

Rafferty überreichte sie ihm mit einer kleinen Verbeugung.

»Ich denke, wir sollten jetzt besser alle zur Polizeiwache gehen«, sagte der Polizist. »Dort können wir alles in Ruhe klären.«

»Wer ist ›alle‹?« fragte Pat Rafferty.

»Alle Beteiligten.« Der Polizist sprach jetzt im offiziellen Ton. Ihm wurde heiß unterm Kragen. Er warf einen forschenden Blick in die Menge, ob sich irgendwelche schwarzen oder dunkelgrünen Uniformen entdecken ließen, die als Verstärkung kamen, aber davon war weit und breit nichts zu sehen. »Das Mädchen und ihr Vater und ihr Bruder und diejenigen, die sie ihrer Aussage nach gekidnappt haben.«

»Das sind diese beiden.« Sadie zeigte auf Kevin und Brian.

Pat Rafferty schob die Menge zurück, um näher zum Mittelpunkt des Geschehens zu gelangen.

»Diese beiden Jungen werden Sie nirgendwohin mitnehmen. Sie haben nichts getan. Brian lag gestern abend schon um neun im Bett und ist nicht wieder aufgestanden. Seine Mutter wird Ihnen dasselbe sagen.«

»Nötigenfalls komme ich eben mit einem Haftbefehl zurück. Wenn es sich als erforderlich erweist, nehme ich die Jungen mit!«

»Nur über meine Leiche.«

»Und Sie, Rafferty, könnten dafür belangt werden, daß Sie die Polizei bei der Durchführung ihrer Amtspflichten behindern. Es wäre nicht das erstemal.« Der Polizist mußte jetzt schreien, der Lärm hatte zugenommen.

Brede stand auf der Stufe vor dem Haus des alten Mr. Mooney. Sie fühlte sich sicher mit der offenen Tür im Rücken und in dem Wissen, daß es einen Ort gab, an den sie sich zurückziehen konnte. Der Polizeibeamte fuhr sich mit dem Taschentuch über die Stirn, und der andere Polizist, der noch ganz jung war, beobachtete ängstlich die Menge. Pat Rafferty legte sich mit Mr. Jackson und Mr. Mullet an, Kevin schrie mit Sadie herum, und Brian stritt sich mit Tommy. Die Protestanten sahen zunehmend nervös aus. Brede konnte das gut verstehen, denn die anderen befanden sich in der Mehrzahl von mindestens zehn zu eins, und es sah immer schlechter für die Protestanten aus.

Sie beugte sich vor und tippte dem Polizeibeamten auf die Schulter. Dann kam sie mit dem Mund dicht an sein Ohr. »Wenn Sie zu uns kommen, vier Häuser weiter, können wir das klären. Wir haben Beweismaterial.«

»Beweismaterial?«

Sie nickte.

»Also, Jungs, bewegt euch. Hier entlang. Los.«

Sadie, die begriffen hatte, wohin sie gingen, versuchte die Stellung zu behaupten. »Ich will nach Hause!« schrie sie.

»Du hast Angst!« schrie Kevin zurück. »Du willst mit deinen eigenen Machenschaften nicht konfrontiert werden.«

Sie schoben und drängten, und die Menge rückte vier Häuser weiter die Straße entlang, bis sie zu den McCoys kamen. Die Tür war offen. Kevin, Brede, Brian, Kate, Sadie und Tommy, Mr. Jackson und Mr. Mullet und die beiden Polizisten gingen ins Haus. Die Tür wurde zugeschlagen und verriegelt, bevor Pat Rafferty seinen Fuß dazwischenschieben konnte. Die Ausgesperrten lärmten und hämmerten an die Tür.

Die drinnen gingen zum hinteren Teil des Hauses durch.
Sie strömten in die Küche. »Hier«, sagte Kevin und wies
auf den Tisch.
Die Polizisten und Mr. Jackson beugten sich über die
Tischplatte. Der Polizeibeamte las laut vor: »King Billy
war hier. Es lebe King Billy.« Er blickte auf und sah
Kevin an.
»Sadie hat das geschrieben. Dazu ist sie mitten in der
Nacht hergekommen. Ich habe sie dabei erwischt.«
»Soll das heißen, daß sie bei euch eingebrochen ist?«
»Genau das.«
»Die Tür war offen«, sagte Sadie.
»Ach?«
»Na ja, er ist ja auch bei uns eingebrochen und hat meine
Mutter zu Tode erschreckt. Ich habe es ihm nur heimge-
zahlt.«
Mr. Jackson wandte sich an Kevin. »Du warst das also?«
Der Polizeibeamte schob sich die Uniformmütze auf den
Hinterkopf. »Es scheint so, als sei die eine Seite nicht
besser als die andere. Ich glaube, wir sollten es vielleicht
dabei belassen und allesamt nach Hause gehen.«
»Ich möchte, daß sie wegen Kidnapping verklagt wer-
den«, sagte Mr. Jackson störrisch. Er dachte dabei an
seine Frau. Sie würde ihm eine ganze Woche lang die
Leviten lesen, wenn er nicht dafür sorgte, daß sie zu
ihrem Recht kamen.
»Wie könnte ich, wo sie doch aus eigenem Antrieb
hierhergekommen ist?«
»Und dann ist sie weggelaufen und hat sich versteckt«,

warf Brede ein. »Sie hat sich die ganze Nacht über im Haus vom alten Mr. Mooney versteckt gehalten.«

»Wir haben sie gefunden, wie sie dort in der Küche saß«, sagte Kevin, »und Kekse aß.«

Sadie sah ihn zornig an. »Ich war halb verhungert.«

»Aber du bist nicht gekidnappt worden?« fragte der Polizist.

»Nun ja ... nicht so richtig. Aber in gewisser Weise bin ich doch gefangengehalten worden. Ich konnte nicht hinaus. Sie haben wie Polizisten Patrouillengänge durch die Straßen gemacht.«

»Mir reicht es jetzt. Kommt, Leute. Wir müssen diesen Pöbelhaufen auf der Straße wieder auseinandertreiben. Ein ganzer Nachmittag für nichts und wieder nichts!« Der Polizeibeamte fuhr sich über die Stirn. Ihm war so siedend heiß, als säße er im Kochtopf. Er sehnte sich danach, heimgehen zu können, die dicke Jacke auszuziehen und die Füße hochzulegen. »In Zukunft unterlaßt ihr Kinder solche Dummheiten und macht keinen Ärger mehr, verstanden? Beim nächstenmal ginge es ab auf die Wache, und ich würde euch wegen öffentlicher Ruhestörung vor Gericht bringen. Und haltet euch voneinander fern. Bleibt in euren eigenen Vierteln. Auf diese Weise geht ihr Ärger aus dem Weg.«

»Möchten Sie eine Tasse Tee?« bot Brede an. Ihr tat der Mann leid. Er war rot im Gesicht, ganz erhitzt und aufgeregt, und steigerte sich in eine Stimmung hinein, die ihm eine entsetzliche Abreibung einbringen würde.

»Nein danke, keine Zeit für Tee. Ich muß zusehen, daß

diese Leute«, er wies auf die Jacksons und Mr. Mullet, »hier lebendig wieder rauskommen.«

»Sie könnten über die Mauer klettern«, sagte Kevin.

»Unsere Freunde sind aber noch hier draußen auf der Straße«, sagte Mr. Jackson.

»Also dann!« Der Polizeibeamte reckte sich und rückte seine Uniformmütze zurecht. Er marschierte zur Vordertür, gefolgt von seinem jüngeren Kollegen und den anderen. Als er die Tür aufmachte, flogen zwei Männer rückwärts in den Flur. In dem Menschenandrang war es zu einem Handgemenge gekommen. Der Polizist nahm seine Pfeife und ließ einen schrillen Pfiff ertönen. Für einen Moment trat Ruhe ein, lange genug, daß er rufen konnte: »Gehen Sie auseinander!«

Seine Anordnung blieb völlig erfolglos. Das hatte er auch kaum anders erwartet. Er war hilflos. Es war jetzt schon schlimm genug, aber bevor die Sache zu einem Ende kam, konnte noch etwas wirklich Scheußliches daraus werden.

Und dann tauchte von völlig unerwarteter Seite Hilfe auf. Es war ein Glück für den Polizisten – für Kevin war der Umstand weniger glückhaft –, daß sich Mr. McCoy ausgerechnet diesen Augenblick für seine Rückkehr wählte. Dabei war gar nicht er es gewesen, der diese Entscheidung getroffen hatte: Er war dem Wagen seines Bruders Albert ausgeliefert.

Das Auto kam laut hupend die Straße entlanggeschossen, so daß die Menge links und rechts auseinandersprang. Frauen schrien und retteten sich schleunigst in die Hauseingänge, Kinder kletterten auf Fensterbretter. Auf dem Bürgersteig direkt hinter dem Haus der McCoys kam der Wagen zum Halt.

Der Polizeibeamte knöpfte sich die Tasche auf, nahm sein Notizbuch heraus und ging langsam auf das Auto zu.

»Na also«, sagte Mr. Mullet. »Los, wir türmen.«

»Komm schon, Tommy«, sagte Mr. Jackson. »Sadie!«

Sadie warf einen bedauernden Blick zum Auto zurück. Es ärgerte sie, daß sie die weiteren Entwicklungen nicht mitbekommen würde. Aber sie ergriff die Hand ihres Vaters und rannte mit den anderen davon.

Brede sah zu ihrem Vater hinüber. »Was er hinterher wohl für eine Laune haben wird!« sagte sie. Kevin verdrehte nur die Augen.

Der Polizeibeamte kritzelte in seinem Notizbuch herum und murmelte beim Schreiben vor sich hin. »Verkehrsgefährdendes Fahrverhalten... Im Besitz eines verkehrsuntauglichen Fahrzeugs... Unzureichende Versicherung...«

»Kommt er dafür ins Gefängnis?« fragte Brede erschrocken.

»Nein, er wird einen Bußgeldbescheid kriegen.«

»Ach du lieber Himmel. Kevin, dafür bringt er uns um!«

»Es ist doch nicht unsere Schuld, daß er dabei erwischt wurde, wie er mit diesem Haufen Schrott herumkutschierte.«

»Aber wir sind daran schuld, daß die Polizei überhaupt da war. Und das ist das einzige, woran er denken wird.«

Brede sollte recht behalten. Als alle wieder weg waren

und das Geschrei verebbte, nahm Mr. McCoy sich die
beiden vor. Er hielt ihnen vor, daß man ihnen nicht über
den Weg trauen könne; daß sie Ärger und Aufregung
verursachten, sowie er ihnen für zwei Minuten den
Rücken kehrte; daß sie die ganze Straße und überdies den
anständigen Namen McCoy in Verruf brachten.

»Ihr macht mir nichts als Schande«, fuhr er fort. »Für
meine Bußgelder streiche ich euch das Taschengeld. Und
jetzt geht ihr ins Bett und bleibt die ganze Nacht über
drin. Die *ganze* Nacht, hast du gehört, Kevin?«

»Ich hab's vernommen.«

»Gnade dir Gott, wenn du aus dem Haus gehst!«

Kevin war müde, deshalb hatte er gar nichts dagegen, so
früh ins Bett zu gehen. Er brauchte Schlaf. Morgen war
der elfte Juli: für die Protestanten die Nacht der Freudenfeuer. Dazu wurde getanzt und gesungen. Das konnten
sie nicht hinnehmen, ohne auch selbst ein bißchen Spaß
dabei zu haben. Überhaupt hatte er es Sadie noch gar
nicht heimgezahlt, daß sie ihm Mehl über den Kopf
geschüttet hatte. Es war jetzt doch Brede gewesen, die
den Küchentisch saubergeschrubbt hatte.

Der elfte Juli

Heute abend würden die Freudenfeuer entfacht werden! Beim Gedanken an das Knacken und Prasseln der Flammen wurde Sadie ganz aufgeregt. Sie liebte es, wenn ein ordentliches Feuer brannte.

Im Augenblick regnete es, der erste Regen, nachdem tagelang strahlender Sonnenschein gewesen war. Der Regen prasselte senkrecht auf die Straße herunter und hüllte die Häuser auf der gegenüberliegenden Seite wie in einen Vorhang ein. Aber es war nur ein kurzer Guß. Über den Dächern zeigte sich schon ein Stück blauer Himmel. Dort oben war die Sonne und wartete nur darauf, die Girlanden und Fahnen wieder zu trocknen. Sadie wirbelte auf den Zehenspitzen umher und riß das purpurrote Kostüm vom Haken. Schnell zog sie es an und fuhr mit den Füßen in die weißen Stiefel. Dann marschierte sie in ihrem Zimmer auf und ab und schwenkte dabei ihren Tambourstab. Drei Schritte bis zum Fenster, umdrehen, drei Schritte zurück. Sie sang: »*Die Schärpe, die mein Vater trug.*«

»Was geht denn dort oben vor sich?« kam die Stimme ihrer Mutter von unten herauf. »Die Decke wackelt wie nur was.«

»Ich übe.«

»Das wirst du jetzt schön sein lassen, oder uns fällt noch das ganze Haus auf den Kopf. Früher oder später passiert das sowieso. Und es regnet in meine Küche hinein...«
Sadie setzte sich aufs Bett und baumelte mit den Beinen. Sie könnte bis nach Derry laufen, wenn man sie nur ließe, den ganzen Tag lang ihren Tambourstab schwenken und die Beine werfen. Heute wußte sie gar nichts mit sich anzufangen; ihr war so rastlos zumute. Ihr war eingeschärft worden, daß sie sich von allem Ärger fernzuhalten hatte. Wenn nicht, würde sie morgen nicht mitmarschieren dürfen.

Ihre Mutter steckte den Kopf zur Tür herein.

»Nimm deinen Mantel und geh zu Mrs. McConkey zum Einkaufen. Zieh aber erst dein Kostüm und die Stiefel aus. Ich kenne dich, Sadie Jackson. Du würdest mit den Stiefeln durch sämtliche Pfützen tanzen.«

Der rothaarige Junge war im Laden. Er lehnte an der Theke und trank Cola aus der Flasche. Sadie warf ihm einen bösen Blick zu.

»Ich habe gehört, daß es bei euch gebrannt hat?« Er grinste.

»Man könnte es durchaus so sehen, daß du nicht ganz unschuldig daran bist«, fuhr Sadie ihn an. »Na, heute abend wirst du mit den zehn Shilling für Tommy herausrücken müssen. Wir wollen damit eine Party steigen lassen.«

»Rechne mal nicht zu fest damit.« Er stellte seine Flasche auf die Theke und schlurfte hinaus.

»Du bist ja heute in richtiger Kampfstimmung«, bemerkte Mrs. McConkey. Sie lehnte sich mit dem Busen über den Ladentisch. »Wie man hört, bist du von ein paar wilden römisch-katholischen Jugendlichen gekidnappt worden und hast die ganze Nacht bei denen dort drüben verbracht? Es heißt, daß sie dich in eine Mülltonne eingeschlossen hatten. Was wird denen denn noch alles einfallen! Wir sind ja unseres Lebens nicht mehr sicher! Das muß ja entsetzlich für dich gewesen sein?«

»Ich hab's überlebt«, sagte Sadie leichthin. Sie berichtete sehr wenig von ihrem Ausflug auf die andere Seite. Dafür erzählte Linda an ihrer Stelle jede Menge toller Geschichten, und Mr. Mullet hatte einem Nachbarn beschrieben, wie er sich mit einem riesigen Kerl eingelassen hatte, fast zwei Meter groß und Fäuste wie Schmiedehämmer... Sadie hatte das zufällig mit angehört.

Sie brachte den Einkauf nach Hause und spürte Tommy und Steve auf.

»Auf den Rotschopf müssen wir ein wachsames Auge haben«, sagte sie. »Ich könnte mir vorstellen, daß er einen Sabotageakt plant.«

»Dann bleiben wir eben immer in der Nähe der Straße«, sagte Tommy. »Wir müssen sowieso noch mehr Brennmaterial für das Feuer heranschaffen.«

Es hörte auf zu regnen, die Sonne kam hervor und brachte eine höchst willkommene Welle von Wärme mit. Linda stieß wieder zu den Freunden. Solange der Regen andauerte, hatte sie nicht nach draußen gedurft. Ihre

Mutter sah in nassen Füßen einen Grund zur Aufregung. Sie stapften die Straße auf und ab und sammelten für den Stoß auf der kleinen unbebauten Fläche am Ende der Straße Bündel mit brennbaren Materialien. Alle anderen Kinder halfen ebenfalls mit, und zur Mittagszeit war ein gewaltiger Haufen daraus geworden.

Mrs. Jackson kam mit einem Topf voll Suppe aus dem Haus der Mullets.

»Das wird ein tolles Feuer geben, was, Ma?« sagte Tommy.

»Erzähl mir bloß nichts von Feuern!«

Sie aßen in der guten Stube. Sadie saß am Fenster und beobachtete die Straße. Plötzlich schoß sie wie von der Tarantel gestochen vom Stuhl hoch und stürzte aus dem Zimmer.

»Was hat dieses Mädchen denn jetzt wieder vor?« schimpfte Mrs. Jackson.

Tommy rannte Sadie nach. Eine Girlandenkette lag zerfetzt auf der Straße. Sadie stand keuchend an der Ecke.

»Ich habe nur noch seine Fersen zu sehen bekommen, aber das hat auch gereicht. Und was für dicke, fette Fersen das waren! Gut, daß ich ihn vorhin gerade noch rechtzeitig bemerkt habe. Ich halte jetzt Wache. Geh du inzwischen nach Hause und iß fertig.«

Den Nachmittag über ließ der Rotschopf weder seine Fersen noch sonst etwas von sich blicken. Sie kauften neue Girlanden und brachten den übrigen Straßenschmuck in Ordnung. Die Frauen putzten die Fenster und rieben die Briefkästen blank. Tommys Wette war allgemein bekannt, und sie alle wünschten sich, daß ihre Straße gewinnen würde. Die Straße war ein einziges Meer aus Rot, Weiß und Blau, Purpur und Gold. Sie war völlig verändert.

Mr. Jackson und Mr. Mullet machten einen Bummel durch die nächste Straße.

»Überhaupt kein Vergleich mit unserer«, berichteten sie, und dabei hätten sie sich Mühe gegeben, objektiv zu sein und zu bedenken, daß sie voreingenommen waren.

»Gar nicht so übel, was ihr da gemacht habt«, sagte Mrs. Jackson. »Die alte Gegend hier hat schon seit Jahren nicht mehr so gut ausgesehen.«

»Ich muß schon sagen, so ein bißchen Farbe muntert einen wirklich auf«, stellte Mrs. Mullet fest. »Man merkt gleich, daß unsere Linda daran beteiligt war. Ihre Lehrerin hat schon immer gesagt, daß sie eine künstlerische Ader hat.«

Die Frauen brachten ihre Sessel heraus und ließen sich damit auf dem Bürgersteig nieder. Manche, wie Mrs. Jackson, hatten ihr Strickzeug dabei, und andere, wie Mrs. Mullet, saßen mit gekreuzten Beinen da und rauchten. Ein Hauch von Ferienstimmung lag in der Luft.

Sadie und Linda stolzierten unter dem Bogengang aus Fahnen und Girlanden auf und ab. Der Nachmittag schien überhaupt kein Ende zu nehmen. Sadie dachte, sie müßte platzen, wenn nicht bald der Abend kam und sie die allerersten Flammen auflodern lassen konnten.

Nach dem Abendessen brachte Tommy seine Flöte mit

hinaus und spielte auf. Die Mädchen tanzten auf der Straße, und die Jungen klopften mit den Füßen den Takt. »Ich muß sagen, ich habe meine Freude am ›Zwölften‹«, sagte Mrs. Mullet. »Er macht doch immer viel Spaß.« Sie hatte ihre Lockenwickler herausgenommen und das Haar zu einer leuchtend blonden Krause gekämmt. Außerdem trug sie ihre höchsten Schuhe. Die Absätze waren so dünn, daß sie damit in jedem Riß im Pflaster hängenblieb.

»Du brichst dir noch das Bein, wenn du nicht achtgibst«, sagte Mr. Mullet, bevor er mit Mr. Jackson zur Kneipe aufbrach.

»Bringt uns eine Flasche Guinness mit, wenn ihr zurückkommt«, rief Mrs. Mullet ihnen nach.

»Alle haben gute Laune«, sagte Linda. »Vielleicht läßt mich Ma doch zu Hause bleiben und schickt mich nicht nach Lurgan. Kommt drauf an, ob's noch mehr Ärger gibt.«

»Was für Ärger könnte es denn geben?« fragte Sadie unschuldig.

Tommy sog schnuppernd die Luft ein. »Genau der richtige Abend für ein Freudenfeuer«, stellte er fest. »Wir werden gutes Wetter haben.«

»Hoffentlich hat der Pfarrer uns nicht vergessen«, sagte Sadie. »Ich glaube, du solltest zu ihm gehen und ihn erinnern. Er ist manchmal ein bißchen vergeßlich.«

Tommy und Steve machten sich davon und kehrten mit dem Pfarrer zurück. Er lächelte und grüßte jeden, als er die Straße entlangkam.

Nein, nein, er hatte es nicht vergessen, versicherte er ihnen. »Ich habe mich nur noch um ein paar kleine Kirchen-Angelegenheiten kümmern müssen. Also wirklich, welch ein Anblick!« Er breitete die Arme aus. Sadie schwoll die Brust vor Stolz, obwohl sie sich daran erinnerte, daß der Pfarrer ihnen in der Sonntagsschule gesagt hatte, Stolz sei eine Sünde. »Großartig, einfach großartig!« verkündete er.

»Sie müssen sich aber auch die andere Straße ansehen«, sagte Tommy.

»Die taugt nicht viel«, sagte Linda. »Es lohnt eigentlich kaum, sie anzusehen.«

Sadie stieß ihr den Ellbogen in die Rippen. »Das wird er dann ja feststellen können.«

Sie folgten ihm in die nächste Straße. Der Rotschopf wartete mit seinen Freunden auf dem Bürgersteig.

»Also wirklich, welch großartiger Anblick!«

»Das muß er sagen«, flüsterte Sadie. »Er kann ihnen ja nicht sagen, daß es ganz mies aussieht.«

»Die Girlanden fallen ja schon auseinander«, sagte Linda. »Die werden die Nacht nicht mehr überstehen.«

Der Pfarrer ging die ganze Straße ab und die andere Straße wieder zurück, sein Gefolge immer hinter ihm drein. An der Ecke, an der die Jacksons wohnten, hielt er an und drehte sich zu ihnen um. Er räusperte sich.

»Und jetzt zu meinem Endergebnis.« Alle blieben ganz still. »Sich Mühe geben, das ist das Allerwichtigste überhaupt. Sein Bestes tun und seiner Straße, seiner Familie, seiner Stadt und seinem Gott alle Ehre machen.«

»Ich wollte, er würde sich ein bißchen beeilen und endlich sein Urteil fällen«, murmelte Sadie.

»Und so«, er räusperte sich abermals, »muß ich diesen Wettstreit für unentschieden erklären.«

In der Menge erhob sich Gemurmel.

»Und jetzt muß ich weiter«, sagte er. »Ich habe noch etwas anderes zu erledigen.«

»Feigling, Feigling, Feigling«, sang Sadie leise.

»Sadie Jackson«, sagte ihre Mutter, als der Pfarrer um die Ecke gebogen war. »Ich möchte es nicht noch einmal hören, daß du zum Pfarrer frech bist!«

»Aber du weißt doch, daß unsere Straße die beste ist!«

»All diese Arbeit für nichts und wieder nichts«, klagte Linda.

»Ach, vergiß es«, sagte Tommy. »Wenigstens muß ich keine zehn Shilling rausrücken.«

»Aber du kriegst sie auch nicht«, sagte Steve.

»Kommt, wir machen das Feuer an.«

»Das Feuer!« Der Ruf pflanzte sich fort.

Einen Augenblick später loderte es auf. Flammen leckten an den alten Kleidern, dem Holz und den Papierbündeln und schossen daraus hervor. Das Feuer sprühte, Funken flogen und ließen die Kinder zusammenfahren. Innerhalb weniger Minuten zwang die Hitze sie ein paar Schritte zurück.

Sie standen in einem großen Kreis um das Feuer herum, mit leuchtenden Augen, die Gesichter von dem orangeroten Licht beschienen. Der Rauch stieg kerzengerade in den dunkler werdenden Himmel hinauf.

»Ein schönes Feuer«, sagte Tommy.

»Spitze!« rief Sadie und griff nach Lindas Hand.

Sie tanzten um das Feuer und sangen.

Als sie eine Pause einlegten, war das Feuer durch und durch grimmig heiß: ein einziger großer Kegel aus roter, gelber und orangefarbener Hitze. Blaue und violette Flammen flackerten darum herum. Wie hypnotisiert standen sie vor den Farben, der Bewegung.

Dann machte Sadie einen Schritt zurück.

»Kommt, wir gehen spazieren«, sagte sie, »und schauen uns die anderen Feuer an.«

Linda lief neben ihr, Tommy und Steve folgten. Alle Feuer brannten, aber sie waren sich einig, daß keines so hoch und so heiß wie ihr Feuer war. Sie gingen weiter.

»Wohin gehen wir eigentlich?« fragte Tommy mißtrauisch.

»Ich dachte, es wäre interessant zu sehen, was sich dort drüben tut.«

»Du wirst die Straße nicht überqueren! Du weißt doch, was dir passiert, wenn du das tust. Morgen in der Parade willst du doch mitmarschieren, nicht wahr?«

»Natürlich. Ich habe überhaupt nicht vor, über die Straße zu gehen«, sagte Sadie. »Aber man wird doch noch mal gucken dürfen, oder?«

Auf der anderen Seite

Der elfte Juli war ein stiller Tag im katholischen Viertel.

Am Morgen schoben Kevin und Brian Mr. McCoy im Auto seines Bruders Albert zur Werkstatt. Er blieb trocken, während sie naß wurden. Er saß am Steuer und brüllte sie durch das offene Fenster an. »Mehr zum Bordstein hin... Nein, nein, so nahe nun auch wieder nicht. Schwachköpfe!«

Schließlich hatten sie den Wagen in die Werkstatt geschafft, und die Jungen warteten draußen auf Mr. McCoy.

»Man könnte meinen, es wäre ganz allein meine Schuld, daß er mit diesem Auto überhaupt je zu tun bekam«, schimpfte Kevin. »Wieso kriegen wir immer für alles die Schuld?«

»Wir sind wahrscheinlich so praktisch bei der Hand«, sagte Brian. Sein Vater hatte an diesem Morgen einen Brummschädel zu kurieren. Am Abend in der Kneipe hatte er Streit angefangen. Seit man ihn am Nachmittag um eine Schlägerei mit den Prods gebracht hatte, war er auf der Suche nach Ersatz gewesen. Er war eine rechte Kämpfernatur und fürchtete nichts und niemand außer seiner Frau. Sie verfügte über eine messerscharfe Zunge, wenn ihr Mann nach Hause kam und nach Alkohol roch. Bei der Vorstellung, wie sie ihn heruntergeputzt hatte, mußte Brian grinsen.

Mr. McCoy kam kopfschüttelnd aus der Werkstatt. »Ich wage gar nicht daran zu denken, was deine Mutter dazu sagen wird, Kevin. Es wird ein hübsches Sümmchen kosten, das alles wieder herzurichten.«

»Vielleicht lohnt es sich ja auch gar nicht mehr, Mr. McCoy«, meinte Brian. »Es könnte das beste sein, wenn Sie's als Schrott verkaufen.«

»Mein Bruder wäre nicht sehr erfreut, wenn er das gehört hätte.«

»Das meiste zahlt doch bestimmt Onkel Albert«, sagte Kevin. »Die Kiste fiel doch schon auseinander, als du sie dir geliehen hast.«

»Ach, du kennst doch deinen Onkel Albert. Der hat doch keinen roten Heller. Kein Job hält bei ihm länger als zwei Tage. Und wo er doch zehn Mäuler zu stopfen hat...«

»Mach dir nichts draus, Dad«, sagte Kevin. »Nächstes Jahr fange ich an zu arbeiten. Dann sorge ich dafür, daß du einen geruhsamen Lebensabend hast.«

»Ja, von wegen. So wie du dich aufführst, läßt sich schon absehen, daß du deinem Onkel Albert nachgerätst.«

»Vielleicht mache ich aber auch ein Vermögen.«

»Und vielleicht lernen die Schweine fliegen. Die Chancen stehen ungefähr genauso gut.«

»Kates Vater verdient ja auch ein Vermögen.«

»Alteisen.« Mr. McCoy nickte. »Dem Mann sitzt ein heller Kopf auf den Schultern. Es wäre nicht das Schlechteste, wenn du bei ihm unterkämst.« Er ging ins Haus, und die Jungen hörten, wie er nach Brede rief.

»Würdest du denn für den alten Kelly arbeiten wollen?« fragte Brian.

Kevin zuckte mit den Schultern. »Darüber habe ich eigentlich noch nicht nachgedacht.«

»Wenn du dich mit ihm zusammentust, kriegst du seine Tochter noch dazu.« Brian grinste. »Kate ist sowieso in dich verschossen.«

»Hör bloß auf damit.«

»Gefällt sie dir denn nicht?«

»Sie ist nicht mein Typ.«

»Nein? Wer ist denn dein Typ?« Brian legte den Kopf schräg. »Ich glaube, du stehst auf diesem blonden Teufelchen.«

»Ach, die! Das ist doch eine Prod.«

»Wirklich ein Jammer. Da kommt ja Kate. Oh, sieh nur das Lächeln auf ihrem Gesicht, wenn sie dich erblickt! Sie rennt ja schon geradezu.«

Kevin holte mit der Hand aus, aber Brian duckte sich.

»Guten Morgen, Kathleen«, sagte Brian. »Wir haben gerade von dir gesprochen. Kevin hat sich gefragt, wo du wohl steckst. Und wie geht es dir heute so?«

»Reich geht es mir.« Sie zeigte eine Pfundnote vor.

»Das gibt's ja gar nicht! Ich glaube schon fast, daß dein Dad die selber druckt.«

»Ich dachte, wir könnten heute in den Zoo gehen.«

»He, das ist eine gute Idee. Was meinst du, Kevin?«

Kevin zuckte mit den Schultern. »Ich bin da nicht pingelig.«

Brede war von dem Vorschlag begeistert. Der Zoo befand sich am Hang von Cave Hill. Dort oben war die Luft frisch, und man konnte auf die Stadt hinuntersehen. Und Kevin würde weiterem Ärger aus dem Weg gehen.

»Wir machen ein Picknick«, sagte sie. »Ich richte uns ein paar Brote.«

Kevin ging schließlich mit. Er tat sehr unwillig, aber Brede wußte, daß er sich den Ausflug keinesfalls würde entgehen lassen. Sie mußten die jüngeren Kinder mitnehmen, aber das machte ihnen nichts aus. Diesen Preis hatten sie oft zu zahlen, wenn sie fort wollten.

Im Zoologischen Garten herrschte lebhafter Betrieb. Leute drängten sich an die Käfige und starrten die Tiere an. Die Affen schnatterten und schwangen sich von Ast zu Ast; die Löwen dösten und rissen von Zeit zu Zeit zu einem gewaltigen Gähnen den Rachen auf; die Sonne schien heiß und kräftig herab.

»Wirklich ein toller Tag«, sagte Brede, der die Menschenmenge hier oben nichts ausmachte, weil es genug Platz und Luft gab.

Vögel, Reptilien, Fische: Sie ließen nichts aus. Als sie mit allem fertig waren, zogen sie sich auf ein stilles Plätzchen am grasbewachsenen Hang zurück und aßen ihre Brote. Dazu reichten sie zwei Flaschen mit schäumender roter Limonade herum. Unter ihnen lag die Stadt. Rauchwolken stiegen von ihr empor, und da war die blaue Bucht von Belfast Lough mit seinen Schiffen und der Signalbrücke.

»Vielleicht sollte ich wirklich in den Schrotthandel einsteigen«, brummelte Kevin, während er sich auf dem Rücken ausstreckte und die Augen schloß.

»Ach, ziehst du das denn in Erwägung?« fragte Kate, aber Kevin gab keine Antwort.

Er war eingeschlafen. Seine Brust hob und senkte sich sacht, sein Mund war leicht geöffnet. Brede lächelte.

»Er kann auch im Stehen schlafen. Entweder dampft er mit voller Kraft voraus, oder es haut ihn wie einen gefällten Baum um, und dann schläft er wie ein Toter.«

Sie blieben auf dem Berg, bis die Luft sich abkühlte. Nebliger grauer Dunst senkte sich über die Dächer, als sie ihre Taschen packten und die Reißverschlüsse an ihren Anoraks zuzogen. Hier und da blinkten ein paar Lichter auf.

»Dad wird ganz schön sauer sein«, sagte Brede, aber sie war deswegen nicht sonderlich besorgt. »Wir hätten schon vor Stunden nach Hause kommen müssen. Er ist bestimmt schon halb verhungert.«

»Es hat ihn niemand daran gehindert, sich etwas zu essen zu machen«, sagte Kevin.

»In der Küche hat er zwei linke Hände, das weißt du doch ganz genau. Du bist da auch nicht viel besser.«

»Ich finde, daß die Männer im Haushalt mithelfen sollten«, meinte Kate. »In England machen sie's. Mein Onkel arbeitet dort, und er sagt, daß man Männer sehen kann, die den Kinderwagen schieben und Einkäufe erledigen.«

Kevin schnaubte. »Hier ist Gott sei Dank nicht England. Wir sind Iren. Und daß irische Männer Kinderwagen schieben, wirst du nicht erleben.«

»Die Zeiten ändern sich«, sagte Brede. »Sogar hier.«

»Woher willst du denn das wissen?«

»Ich habe schließlich Augen im Kopf, oder?«

»Ja, aber im Hinterkopf, glaub ich.«

Kevin fing an zu pfeifen, als sie den Hügel herabstiegen. Er trug das jüngste Kind auf den Schultern. Es roch nach Rauch.

»Sie zünden ihre Feuer an«, stellte Kevin fest.

»Wär schön, wenn wir jetzt auch ein Feuer hätten«, sagte Kate sehnsüchtig.

»Ach, wir haben doch schließlich unsere eigenen Feste«, sagte Kevin. »Soweit kommt's noch, daß ich am Vorabend vom ›Zwölften‹ ein Freudenfeuer anzünde!«

Auf dem Heimweg sahen sie mehrere Feuer und hörten Singen und Lachen. Sogar Kevin verlangsamte seinen Schritt, um zuzusehen.

Mr. McCoy war halb verhungert, genau wie Brede es vorausgesagt hatte. Er beklagte sich die ganze Zeit über, während sie ihm das Abendessen kochte. Brede kochte weiter und achtete nicht darauf. Sie dachte an den Tag, den sie oben auf dem Berg verbracht hatten.

Es wurde spät, bis sie alles weggeräumt und die Kleinen ins Bett gebracht hatte. Als sie die Krumen vom Tischtuch in den Hof schüttelte, sah sie, daß am Himmel noch ein klein wenig Helligkeit war.

»Ich denke, ich mach noch einen kleinen Spaziergang«, sagte Kevin.

»Das wirst du nicht tun«, sagte Mr. McCoy. »So spät am Abend!«

»Ich habe mich aber mit Brian verabredet.«

»Wenn du weggehst, stellst du was an und gerätst in Schwierigkeiten. Ich kenne dich. Also bleibst du hier.«

Brede nahm sich ein Buch vor, aber an diesem Abend fiel ihr das Lesen schwer. Ausnahmsweise war sie genauso unruhig wie Kevin und wollte ebenfalls nach draußen in die Nachtluft. Die Stimmung, die über der Stadt lag, hatte sich ausgebreitet und auch sie erfaßt. Kevin saß vornübergesunken in einem Sessel und wippte mit dem Fuß. Mr. McCoy sah fern. Bei Programmschluß gähnte er und sagte, daß er zu Bett ginge.

»Ihr solltet auch nicht mehr so lange aufbleiben.«

»Wir kommen gleich rauf«, sagte Kevin.

Kevin und Brede blieben sitzen, ohne ein Wort zu sprechen. Für gewöhnlich schlief ihr Vater schnell ein. Nach ein paar Minuten schlich Kevin auf Zehenspitzen aus dem Zimmer. Lächelnd kam er zurück.

»Er schläft süß wie ein Engelchen und macht dabei genug Krach, um die ganze Straße aufzuwecken. Los, komm.«

Er nahm Brede bei der Hand, und sie ging mit. Ihr Vater schnarchte. Kevin hatte recht gehabt. Das Geräusch folgte ihnen durch den Flur bis auf den Bürgersteig.

Ein frischer Wind kam auf. Sie rannten gegen den Wind durch die Straßen zum Schrottplatz von Kates Vater. Dort hatten sie sich mit Kate und Brian verabredet.

Brian saß hinter dem Steuer eines verbeulten alten Autos, während Kate sich auf dem Beifahrersitz zurechtgekuschelt hatte.

»Da seid ihr ja!« rief sie. »Wir hatten euch schon fast aufgegeben.«

Kevin machte einen Rundgang über den Platz und besah sich die alten, verbogenen Eisenstangen und die zertrümmerten Maschinenteile. Er mochte Schrott. Da wußte man nie, was man als nächstes zutage fördern würde.

»Kommt, wir gehen weg hier«, sagte Kate, die den Schrottplatz ja oft genug sah. »Mir ist ganz kalt vom langen Herumstehen.«

»Ja, gehen wir«, sagte Kevin.

Sie brachen auf. Kate hängte sich bei Brede ein, die beiden Jungen gingen mit etwas Abstand neben ihnen her. Ohne daß ein Wort gefallen wäre, wußten sie, wohin es ging. Es war, als würden sie von einem Magneten angezogen. Ein paar ihrer Freunde kamen und schlossen sich ihnen an.

Am Rand ihres Viertels blieben sie einen Augenblick stehen.

»Benehmt euch nicht auffällig«, warnte Kevin. »Geht einfach still weiter und haltet die Klappen.«

Sie bogen in die Hauptstraße ein. Es war jetzt nicht viel Verkehr. Sie hatten einen ungehinderten Ausblick auf die andere Seite.

»Na so was«, sagte Kevin leise. »Unsere Freunde erwarten uns.«

Dort, auf dem gegenüberliegenden Bürgersteig, waren

Sadie und ihr Bruder und noch einige andere Kinder. Katholiken und Protestanten standen einander gegenüber und hatten nur einen schmalen Streifen Straße zwischen sich.

DER KAMPF

Einen Augenblick lang herrschte Stille. In der Ferne konnten sie das Brummen des Stadtverkehrs hören, aber sie bekümmerten sich nur um das, was hier passieren würde, in dieser Straße. Das war es, worauf sie die ganze Woche über gewartet hatten: sich von Angesicht zu Angesicht gegenüberzustehen, hüben und drüben der Straße. Den einen oder anderen durchlief ein Schauder, entweder vor Furcht oder vor spannungsvoller Erwartung. Aber niemand verdrückte sich. Sie standen da wie angenagelt.

Der Augenblick der Stille ging vorbei. Jetzt wurden die Stimmen erhoben, für den Anfang nur leise, aber höhnisch.

»Dreckige Micks!«

»Schmutzige alte Prods!«

Die Wut stieg. Die Stimmen wurden lauter.

»Der Papst gehört in den Arsch getreten!«

»Zur Hölle mit King Billy!«

Keiner wußte, wer den ersten Stein geworfen hatte. Von beiden Seiten schien gleichzeitig einer geflogen zu kommen.

Es war, als sei ein Signalpfiff ertönt. Ganz plötzlich tauchten aus allen Richtungen Kinder auf; sie quollen aus den Seitenstraßen, schrien und jubelten und buhten einander aus. Sie sammelten vom Boden auf, was sie an Wurfgeschossen nur finden konnten, große und kleine Steine, Holzstücke, Ziegelbrocken. Damit rückten sie auf die Straße vor. Die Lücke zwischen den beiden Seiten wurde enger.

Sadie war in der vordersten Reihe. Ihr Gesicht glühte, und ihr Herz pochte wild vor Aufregung. Sie fühlte sich wie im Fieber. Und dann hielt sie eine Sekunde lang an. Der Kampfschrei blieb ihr in der Kehle stecken. Sie hatte Bredes Gesicht gesehen. Brede stand hinter den anderen Katholiken, schrie nicht und warf nichts, stand einfach da.

In diesem Augenblick kam ein Ziegelstein hoch über die Köpfe der Menge geflogen. Sadie sah, wie Brede sich duckte. Aber zu spät – der Stein traf sie mit aller Wucht seitlich am Kopf.

Brede ging zu Boden und verschwand in der umherwirbelnden Menge.

»Brede!« brüllte Sadie.

Brede war verletzt. Brede … warum Brede? Sadie wurde es innendrin ganz kalt. Jetzt gab es kein Fieber mehr, keine Aufregung, nur den verzweifelten Drang, auf die andere Seite zu gelangen und herauszufinden, was mit dem gestürzten Mädchen passiert war.

Mit erneutem Gebrüll warf sich Sadie nach vorne.

»Komm zurück, Sadie«, schrie jemand hinter ihr. »Die bringen dich um!«

Sadie kämpfte sich durch die Reihen und stieß die Kinder beiseite, die ihr im Weg standen. Sie fühlte Hände, die nach ihr griffen und sie festhalten wollten, aber die Kraft in ihr war so gewaltig, daß niemand sie aufhalten konnte. Dann hatte sie die Gruppe erreicht, die sich um Brede angesammelt hatte.

Ein Junge packte sie mit rohen Fäusten.

Kevin, der neben seiner Schwester kniete, sah auf. »Laß sie los«, sagte er leise.

Sadie kniete sich neben ihn.

»Ist es schlimm?«

»Glaub schon.«

Brede lag still, die Arme ausgestreckt an den Seiten und mit geschlossenen Augen. An ihrem Kopf war Blut.

Das Gellen einer Polizeisirene kam die Straße entlang. Kinder flohen nach rechts und links und ließen beim Davonrennen ihre Wurfgeschosse fallen. Als das Polizeiauto ankam, war die Straße fast leer. Nur vier Kinder waren geblieben.

Tommy hatte die Straße überquert und sich zu Sadie und Kevin gesellt. Er kauerte sich neben sie, starrte auf Brede hinab.

»Dumm«, sagte er, »dumm, dumm, dumm!«

Die Wagentüren wurden zugeschlagen; zwei Polizisten waren ausgestiegen und kamen auf sie zu.

»Also, was war los?«

»Wir brauchen einen Krankenwagen«, sagte Kevin.

Ein Krankenwagen wurde gerufen und kam innerhalb weniger Minuten an, mit blinkendem Blaulicht. Die anderen drei Kinder traten zurück, damit die Männer Brede auf eine Trage heben konnten. Sie breiteten eine Decke über sie und legten sie in den Wagen.

Sadie, Tommy und Kevin stiegen hinten in das Polizeiauto. Sie schossen durch die nächtlichen Straßen hinter dem Krankenwagen her, sahen das Blaulicht vor sich und hörten das Jaulen der Sirene. Das Geräusch jagte Sadie Schauder über den Rücken.

Im Krankenhaus strahlten die Lichter blendend hell. Brede wurde weggebracht; Türen schlossen sich hinter ihr.

Im Wartezimmer war es warm, aber Sadie konnte nicht aufhören zu zittern. Kevin holte einen Schokoladenriegel aus der Tasche und brach ihn in drei Teile. Sie saßen nebeneinander auf einer Bank und lutschten schweigend.

Nach ein paar Minuten tauchte ein Polizist auf, um ihre Aussagen zu Protokoll zu nehmen. Er schüttelte den Kopf.

»Warum könnt ihr Kinder denn nicht auf eurer eigenen Seite bleiben?«

»Muß sie sterben?« platzte Sadie heraus, die die Frage nicht länger zurückhalten konnte.

»Wir wissen es noch nicht.«

Die Tür ging auf, und herein kam Mr. McCoy. Er war weiß im Gesicht und zittrig. Als er Kevin sah, fing er an zu schreien.

»Euch Kindern kann man nicht über den Weg trauen. Ich wußte es doch, daß du uns Ärger bescheren würdest. Und ausgerechnet jetzt, wo deine Ma in Tyrone ist...«

»Kommt«, sagte der Polizist zu Sadie und Tommy. »Ich besorge euch jemanden, der euch nach Hause bringt.«

»Können wir nicht bleiben und abwarten, was mit ihr ist?« fragte Tommy.

»Eure Eltern werden sich bestimmt schon Sorgen um euch machen. Meinst du nicht, daß ihr für heute nacht genug Probleme verursacht habt? Aber ich will zusehen, ob es etwas Neues gibt, bevor ihr geht.«

Sadie sah zu Kevin zurück. »Hoffentlich wird sie wieder ganz gesund.«

Kevin nickte.

Sie ließen ihn mit seinem Vater allein. Sowie die Tür hinter ihnen ins Schloß gefallen war, konnten sie hören, wie Mr. McCoy wieder anfing herumzuschreien. Sie warteten im Flur, während der Polizist sich erkundigen ging.

»Wenn mir der unter die Finger kommt, der das war!« sagte Tommy.

»Ist das nicht ganz egal?« fragte Sadie müde.

»Du meinst, das könnte genausogut ich gewesen sein?«

»Ja. Oder ich.«

Der Polizist kam zurück.

»Es soll eine Notoperation gemacht werden«, sagte er. »Sie wird gerade für den Operationssaal fertig gemacht.«

»Der glorreiche Zwölfte«

Der zwölfte Juli. Die Protestanten waren schon früh auf den Beinen, polierten ihre Schuhe blank und legten sich die Kleider zurecht, ihre Schärpen und die steifen Hüte. Mr. Jackson bürstete seinen Hut ab und legte ihn auf den Tisch im Flur. Mrs. Jackson eilte hinüber zu Mrs. Mullet, um Eier und Schinken zu braten. Es zischte in der Bratpfanne, als sie zurückkam.

»Zeit zum Aufstehen«, rief sie die Treppe hinauf. »Linda ist schon auf und angezogen.«

Sie teilte das Frühstück aus, und noch immer rührte sich nichts im Stockwerk über ihr. Schließlich stieg sie die Treppe hinauf und machte Sadies Tür auf.

»Das Frühstück steht auf dem Tisch. Wenn du jetzt nicht kommst, wird es kalt.«

»Hab keinen Hunger«, kam Sadies Stimme unter der Bettdecke hervor.

»Wie du willst. Dein Vater ißt deinen Anteil bestimmt gerne mit. Tommy, möchtest du dein Frühstück haben?« rief sie zu ihm hinüber.

»Nein.«

»Nach den Vorgängen von gestern nacht ist es ja kein Wunder, wenn ihr zwei keinen Hunger habt. Das war wirklich eine Schande! Wenn ihr euch nicht vorseht, kommt ihr womöglich noch zu spät.«

Beim Frühstück besprachen Mr. und Mrs. Jackson noch einmal die Ereignisse der vorigen Nacht. Als Sadie und Tommy in den frühen Morgenstunden nach Hause gekommen waren, hatten sie einen vollständigen Bericht über alles, was passiert war, abgeben müssen. Zuletzt war ihnen gesagt worden, daß sie in der Parade mitmarschieren dürften, obwohl sie es eigentlich nicht verdienten. »Aber nur, um die Orangisten nicht im Stich zu lassen«, hatte Mr. Jackson ihnen nachdrücklich eingeschärft. »Sonst wärt ihr dran gewesen!«

»Es ist natürlich klar«, sagte Mrs. Jackson und wischte das Eigelb mit einem Stück Brot auf, »daß es die andern waren. Die wollen uns am ›Zwölften‹ immer Ärger machen.«

Mr. Jackson nickte und nahm sich noch einen Toast. Er mußte ein ordentliches Frühstück im Magen haben, wenn er zu dem langen Marsch aufbrach. Mrs. Jackson würde ein Picknick mitbringen und sich dann für die Reden und Ansprachen zu ihm gesellen.

Sie ging noch einmal zum untersten Treppenabsatz. »Steht auf, oder ihr versäumt noch die Parade!«

Mit dem schmutzigen Geschirr in ihrer Schüssel ging sie zu den Mullets hinüber. Mrs. Mullet richtete Linda gerade die Haare, drehte ihr Löckchen und band Schleifen hinein.

»Ich glaube, Ihre beiden haben sich gestern nacht ganz schön in die Nesseln gesetzt«, sagte Mrs. Mullet. Es klang etwas undeutlich, weil sie den Mund voller Haarnadeln hatte. Sie nahm sie heraus. »Ich habe es eben gehört, wie ich Brötchen holen ging.«

Mrs. Jackson packte das schmutzige Geschirr aus und stellte es ins Spülbecken. »Es haben sich noch mehr als nur meine beiden in die Nesseln gesetzt«, sagte sie und sah sich nach Linda um, die mit großen, unschuldigen Augen zurückblickte. »Aber die anderen sind weggerannt, um ihre Haut zu retten.«

»Ihre Sadie ist aber schon eine, das können Sie nicht leugnen.« Mrs. Mullet zerrte an einem Ringellöckchen, damit eine Korkenzieherlocke daraus wurde. »Man kann jedenfalls sicher sein, daß sie dabei ist, wann immer etwas passiert.«

»Sie ist kein Feigling. Das muß ich ihr zugestehen.« Mrs. Jackson wandte sich ihrem Abwasch zu. Sie bedauerte es bitter, daß sie auf Mrs. Mullets Gefälligkeit angewiesen war.

»Ist sie fertig?« fragte Linda. »Soll ich kommen und sie abholen?«

»Nein, noch nicht. Ich schicke sie zu dir herüber, wenn sie angezogen ist.«

Mrs. Jackson kehrte mit dem gespülten Geschirr nach Hause zurück. Sadie und Tommy waren immer noch im Bett. Sie stieg erneut die Treppe hinauf.

»Ich sag's euch jetzt zum letztenmal. Wenn ihr zu spät kommt, ist es eure eigene Schuld.«

Sadie lag mit offenen Augen da und hatte die Arme über dem Kopf verschränkt.

»Ma«, sagte sie, »ich gehe nicht mit.«

»Du gehst nicht mit?« Mrs. Jackson fuhr sich mit der Hand an die Kehle. »Soll das heißen, daß du nicht in der Parade marschierst?« Sie stotterte fast. »Bist du denn noch in Ordnung? Ist dir nicht gut oder was?«

»Ich habe einfach keine Lust.«

»Red nicht so dumm daher. Du hast wochenlang geübt, und du hast dein Kostüm. Denk mal an das viele Geld, das ich dafür ausgegeben habe!«

Mrs. Jackson betrachtete das purpurfarbene Samtkostüm, das vor dem Schrank hing. Sadie sah ebenfalls hin und seufzte. »Ich weiß. Es tut mir leid.«

»Es tut dir leid! Tommy, komm her und bring deine Schwester wieder zur Vernunft.«

Tommy kam im Schlafanzug und mit bloßen Füßen in Sadies Zimmer. »Ich gehe auch nicht.«

Mrs. Jackson ließ sich am Fußende von Sadies Bett nieder. »Das soll doch ein Witz sein. Wollt ihr mich auf den Arm nehmen?«

»Ich weiß, daß es ein Schock für dich ist, Ma«, sagte Sadie. »Aber wir können's nicht ändern.«

Mrs. Jackson ging nach unten, und Mr. Jackson kam herauf.

»Was höre ich denn da für einen Unsinn? Ihr müßt mitgehen. Diese Enttäuschung könnt ihr eurer Mutter nicht antun. Sie freut sich schon seit Wochen darauf, euch in der Parade zu sehen.«

»Es tut mir leid«, sagte Tommy, »aber wir haben uns anders entschlossen.«

»Und was ist mit dem ganzen Geld, das wir für euch ausgegeben haben?«

»Wir zahlen es vom Taschengeld zurück«, sagte Sadie.

»Ich weiß wirklich nicht, was mit euch passiert ist.« Mr. Jackson kratzte sich am Kopf. »Na, ich mache mich jetzt fertig, sonst komme ich noch zu spät. Und ich bin mein Lebtag lang noch nie zu spät für den Marsch gekommen.« Er ließ sie allein.

Es klingelte, und die Vordertür wurde aufgemacht.

»Bist du fertig, Sadie?« rief Linda.

»Ich gehe nicht mit«, rief Sadie zurück.

»Du gehst nicht mit?«

»Ich glaube, ihr ist nicht ganz wohl«, sagte Mrs. Jackson.

»Da wird sie aber schrecklich enttäuscht sein ...« Lindas Stimme verklang.

Als Mr. und Mrs. Jackson fertig angezogen und ausgehbereit waren, kamen sie zu Sadie ins Zimmer.

»Ihr blamiert uns, das ist euch doch klar, oder?« sagte Mr. Jackson.

»Ich hätte nie gedacht, daß ihr mir so etwas antun würdet«, sagte Mrs. Jackson.

Und dann gingen sie.

Sadie und Tommy saßen nebeneinander auf dem Bett und lauschten. Auf der Straße war ein beständiges Kommen und Gehen. Jetzt begaben sich die Männer zu ihrer jeweiligen Gruppe bei den Orangisten, die Musikanten mit ihren Flöten und Trommeln sammelten sich, die Tambourmajorinnen warfen die Beine und wirbelten ihre Stäbe. Und dann hörten sie, wie die Musik begann: leises, dann immer lauteres Trommeln, die hellen und tieferen Klänge der verschiedenen Flöten. Tommy klopfte mit dem Fuß mit.

»Es ist ein Jammer«, sagte er.

»Für Brede auch«, sagte Sadie.

»Ja.«

Die Musik ging vorbei. Die Gruppe der Musikanten würde sich jetzt zu den anderen in der Prozession gesellen. In der Ferne konnten sie die Kapellen immer noch hören. Aber in ihrer Straße war es still. Tommy streckte den Kopf zum Fenster hinaus.

»Es ist nicht mal mehr eine Katze da. Was machen wir jetzt?«

»Ins Krankenhaus gehen?«

Tommy holte eine Schachtel aus dem hintersten Winkel seines Schranks. Das war seine Rücklage, die nur in ganz besonderen Notfällen angebrochen wurde. Er kippte den Inhalt heraus und steckte ihn in die Tasche.

Als sie am Krankenhaus waren und die Besuchszeiten auf dem Schild lasen, stellten sie fest, daß jetzt gar keine Besuchszeit war.

»Ich habe nicht den ganzen Weg hierher gemacht, um jetzt wieder umzukehren«, sagte Sadie.

Drinnen sahen sie ein Hinweisschild, auf dem »Information« stand. Also gingen sie hin und wollten sich informieren. Die Frau war freundlich, sagte aber, daß sie über die Patienten keine Auskünfte geben könnte. Als sie sich niedergeschlagen abwandten, sahen sie Kevin den Flur entlangkommen. Er sah blaß und müde aus.

»Hallo«, sagte er.

»Wie geht's Brede?« fragte Tommy schnell.

»Sie wird wieder gesund werden.«

Sadie stieß einen gewaltigen Seufzer aus. »Na, Gott sei Dank.«

»Es wird natürlich noch eine Weile dauern, aber die Operation war erfolgreich, und sie sind sehr zufrieden mit ihr.«

»Wir haben letzte Nacht kein Auge zugetan«, sagte Tommy.

»Ich auch nicht«, sagte Kevin.

Sie gingen zusammen den Flur entlang und aus dem Krankenhaus hinaus. Am Tor blieben sie stehen und sahen sich an.

»Ich dachte, ihr wärt jetzt bei der Parade und würdet mitmarschieren«, sagte Kevin.

Sadie zuckte mit den Schultern. »Uns war irgendwie nicht so danach.«

»Was werdet ihr jetzt machen?«

»Wir haben nichts vor«, sagte Tommy. »Hängen nur so rum und wissen nicht so recht, was wir tun sollen. Unsere Straße ist das reinste Leichenschauhaus.«

»Ich weiß auch nicht, was ich machen soll«, sagte Kevin. »Nach Hause will ich jetzt noch nicht.«

»Ich habe Geld«, sagte Tommy und klimperte mit den Münzen in seiner Tasche.

»Ein Tag am Meer, das wär was«, sagte Sadie.

»Am Meer?« In Kevins Augen blitzte es auf.

»Bangor?« schlug Tommy vor.

»Na klar!«

»Was ist mit Brede?« fragte Sadie. »Ich find's irgendwie nicht richtig, wenn wir eine Vergnügungsfahrt unternehmen, wo sie doch im Krankenhaus liegt.«

»Brede hätte nichts dagegen«, sagte Kevin. »Sie wäre bestimmt dafür, daß wir das machen.«

Sie fuhren mit dem Bus nach Bangor. Das Städtchen war vollgestopft mit Urlaubern. Sie drängten sich auf den Straßen, in den Geschäften und am Strand. Die Kinder kauften sich jeder eine Portion Pommes frites und gingen am Meer entlang. Die Pommes frites waren heiß und salzig, und vom Meer her wehte ein frischer Wind.

»Das war eine gute Idee«, sagte Kevin. »Ich bin jetzt längst nicht mehr so müde.«

Bei Ballyholme zogen sie Schuhe und Strümpfe aus und liefen barfuß durch den Sand ins Meer. Kevin schöpfte eine riesige Handvoll Wasser und goß es Sadie über den Kopf.

»Das ist die Rache dafür, daß du mich mit Mehl vollgeschüttet hast.«

Aber sie ließ sich das nicht so einfach gefallen. Zuletzt hatten sie alle beide patschnasse Kleider.

»Macht ja nichts«, sagte Kevin. »In der Sonne trocknet das schon wieder.«

Sie legten sich in den Sand und ließen sich braten. Um sie herum spielten überall Kinder, buddelten eifrig und liefen ans Wasser, um ihre Eimerchen zu füllen.

»Ich baue jetzt eine Sandburg«, sagte Sadie. »Die größte Burg am ganzen Strand.«

»Wetten, daß ich eine größere baue!« sagte Kevin.

Sie machten sich an die Arbeit und schaufelten wild mit den Händen. Sand flog in alle Richtungen. Tommy zog sich auf ein sicheres Plätzchen zurück.

»Ich versteh nicht, daß ihr euch diese Mühe macht«, brummelte er. »Mir wär's zu heiß dafür.«

Plötzlich sprang Sadie mitten auf Kevins Burg. Dann rannte sie lachend über den Strand davon. Er nahm die Verfolgung auf, und bald waren sie in der Menge verschwunden.

Nach einer Weile kamen sie zurück und brachten drei Eislutscher mit.

Später machten sie einen Spaziergang ins Zentrum von Bangor und mischten sich ins Gedränge. Sie gingen durch Spielhallen, trödelten vor Schaufenstern herum und aßen heiße Würstchen.

Die letzte Stunde ihres Tags in Bangor verbrachten sie auf der Kaimauer. Die Abendsonne leuchtete über dem Wasser.

»Es war ein schöner Tag«, sagte Sadie, »wenn man bedenkt, daß er nach einer so schlimmen Nacht kam.«

»Damit habe ich nicht gerechnet, daß ich den ›Zwölften‹ mit zwei Prods verbringen würde!« Kevin lachte.

Tommy seufzte. Er war angenehm müde von der Seeluft, und seine Taschen waren leer.

»Wir kommen wieder hierher«, sagte er, »ein andermal.«

»Mit Brede«, sagte Sadie.

WARUM WIRD KING BILLY SO VEREHRT?

Ein Nachwort von Wieland Giebel

Die Konflikte in Nordirland, von denen in diesem Buch die Rede ist, sind die Voraussetzung dafür, daß Kevin und Brian sich ins protestantische Viertel schleichen und das Wandbild von King Billy verschandeln, auf das die Jacksons so stolz sind. All das hat eine Vorgeschichte. Und diese Geschichte fing so an:
Ursprünglich gehörte das Land, fast zwanzig Millionen Morgen fruchtbaren Bodens, den irischen Clans gemeinsam. Das Land wurde auch gemeinsam bestellt.
In jahrhundertelangen Kämpfen wurden die irischen Stammesfürsten von englischen und schottischen Soldaten bezwungen. Die englische Regierung verpachtete das eroberte Land an englische Unternehmer, die sehr niedrige Pacht direkt an die englische Krone zahlen mußten. Die eingeborenen Iren selbst durften nur kleinste Ländereien besitzen und mußten doppelt so hohe Pachten bezahlen. Alle anderen Bewohner der nördlichen Provinz Irlands, Ulster, hatten das Land zu verlassen. Dennoch behielten einige der neuen Herren verbotenerweise bil-

lige irische Arbeitskräfte auf ihren Höfen. Diese Iren hielten Kontakt zu den Vertriebenen, die in großer Armut in den Bergen und Wäldern lebten. Fast alle der enteigneten Clans schlossen sich zusammen und begannen 1641 einen großen Aufstand.

Aus England wurden Strafexpeditionen geschickt mit dem Auftrag, alle niederzumetzeln, die in der Lage waren, Waffen zu tragen. Ein Offizier gab den Befehl, auch die Kinder umzubringen, weil »aus Nissen Läuse werden«.

1649 landete Oliver Cromwell in der Nähe von Dublin, um die Unterwerfung Irlands zu vollenden. Allen, die ihm »gegen die barbarischen und blutrünstigen Iren und alle ihre Nachkommen und Verbündeten« helfen würden, versprach er hohe Belohnungen, insbesondere Land. Um gegen die katholischen Iren vorzugehen, wurden religiöse Gefühle benutzt. Die englischen und schottischen Soldaten waren Protestanten. Das ermöglichte ein gnadenloses Vorgehen: Hunderttausend Iren wurden als Sklaven in die Westindischen Inseln verkauft, und Cromwell meldete nach London: »Jeden zehnten Soldaten getötet und den Rest nach Barbados verschifft.«

Die Bevölkerung Irlands betrug 1641 eineinhalb Millionen Menschen; 1652 gab es nur noch 600 000 Iren in Irland. Der Rest war umgebracht, verhungert, verkauft oder geflüchtet. Alle Überlebenden mußten sich jetzt aus den Provinzen Ulster, Munster und Leinster in die letzte Provinz Connaught zurückziehen. Wer danach in einem anderen Teil Irlands gefunden wurde, galt als Spion und wurde hingerichtet.

Wie nach der ersten Vertreibung, wollten die protestantischen Soldatensiedler aus England die Iren für sich arbeiten lassen. Die englische Regierung erließ daraufhin Gesetze, wonach kein Katholik Land besitzen und es auch nicht länger als dreißig Jahre pachten durfte; als Händler und Handwerker mußten sie Sondersteuern zahlen, und von Wahlen und öffentlichen Ämtern waren sie ganz ausgeschlossen. Einer zeitgenössischen Darstellung zufolge war »das Volk von Irland in Parteien aufgesplittert, genannt die Engländer und die Iren, Protestanten und Papisten. Allerdings besteht der wirkliche Unterschied im Erwerb und Besitz des Landes.«

Zwanzig Jahre nach Cromwells Unterwerfung gab es 300 000 protestantische Siedler und 800 000 katholische Iren, aber die Siedler besaßen »drei Viertel des Landes; fünf Sechstel der Häuser; neun Zehntel aller Häuser in den befestigten Städten und zwei Drittel des Außenhandels«, während drei Viertel der Bevölkerung in äußerster Armut lebte.

Hierher gehört jetzt die Geschichte von King Billy, der eigentlich Wilhelm von Oranien (William of Orange) hieß und ein holländischer Prinz war. Er kam vor rund dreihundert Jahren nach Irland, 1689. Das englische, protestantische Parlament hatte ihn, auch einen Protestanten, aus Holland geholt und zum König gemacht, nachdem es seinen katholischen Schwiegervater Jakob (James) II. abgesetzt hatte.

Jakob II. zog nach Irland, um dort bei der katholischen Bevölkerung Unterstützung zu suchen, wurde aber von Wilhelm von Oranien in der Schlacht an der Boyne am 12. Juli 1690 entscheidend geschlagen. Dieser Tag wird bis heute als Orange-Tag von den Protestanten gefeiert, weil ihnen mit diesem Sieg endgültig die Macht über ganz Irland zugefallen war.

Nur wenn man die Vorgeschichte nicht kennt, könnte man auf die Idee kommen, es handele sich um Fragen der Religion. 1603 gehörten den Katholiken 90 % des irischen Bodens, 1703 nur noch 7 %. Darum ging es, und ein Jahrhundert nach Cromwells Kolonisierung stimmten die Religionsunterschiede dann im großen und ganzen mit den Besitzverhältnissen überein.

Etwa zwei Jahrhunderte später, nämlich 1845–1848, wurden durch Fäule drei Kartoffelernten hintereinander zerstört. Es starben 1,5 Millionen Iren an Hunger, etwa genausoviele verließen das Land nach England und in die USA. Von der Kartoffelfäule waren auch andere Länder betroffen, aber nirgendwo sonst gab es so katastrophale Folgen. In Irland jedoch lebten die Menschen praktisch ausschließlich von Kartoffeln, weil sie die anderen Lebensmittel, die sie mit ihren eigenen Händen produzierten, wegen der hohen Pachten exportieren mußten. Das änderte sich auch während der Hungersnot nicht, und so kam es, daß die Iren inmitten eines Überflusses an Lebensmitteln – die weiterhin ausgeführt wurden – verhungerten.

Nach der großen Hungersnot wurde den noch verbliebe-

nen Iren verboten zu musizieren, weil die Engländer
nicht kontrollieren konnten, ob es sich um Widerstands-
lieder handelte. Schließlich wurde die irische Sprache
verboten, statt dessen mußte englisch gesprochen werden.
Schulkinder hatten einen Stock um den Hals zu tragen, in
den für jedes benutzte irische Wort eine Kerbe kam. War
am Ende der Woche eine bestimmte Anzahl von Kerben
überschritten, wurde den Eltern ein Teil des Lohns einbe-
halten. Vor der großen Hungersnot, 1841, lebten in
Irland 8,2 Millionen Menschen, heute sind es nur noch 4,5
Millionen. Irland ist das einzige europäische Land mit
einem solchen Bevölkerungsschwund.
In Nordirland konzentrieren sich um Belfast herum eine
Million Protestanten, denen in Nordirland eine halbe
Million Katholiken gegenüberstehen. Nach langen Aus-
einandersetzungen um Selbstbestimmung und Unabhän-
gigkeit, nach Aufständen und Parlamentsdebatten wurde
Irland 1921 geteilt. Im Süden, der Republik Irland mit
der Hauptstadt Dublin, leben (fast) nur Katholiken.
Irlands Leinen- und Schiffbauindustrie war im Norden
konzentriert. Deswegen wurde die künstliche Grenze bei
der Teilung so gezogen, daß in dieser wirtschaftlich
wichtigen Region eine Zwei-Drittel-Mehrheit von eng-
landtreuen, loyalistischen Protestanten wohnte und herrschen konnte. Das trifft auch heute noch zu, obwohl die
sozialen Unterschiede nicht mehr in allen Fällen so kraß
hervortreten und »protestantisch« nicht automatisch
»herrschen« bedeuten muß. Sadies Familie zum Beispiel
gehört zu den Nachfahren der protestantischen Soldaten-

siedler, die mit Cromwell gekommen sind. Aber ihre Familie ist nicht reich, nicht mal wohlhabend. Dennoch ist ihr Vater Mitglied im Orange-Orden, dessen Ziel darin besteht, die protestantische Religion und die Überlegenheit der Protestanten zu schützen. Die wichtigsten Wirtschaftsführer und Politiker sind Mitglieder, aber auch die kleinen Bauern, die Arbeiter der Leinenindustrie und der Schiffswerften. Durch die Zeremonien und Paraden des Ordens, mit dem Höhepunkt am 12. Juli, wurde immer wieder betont, daß protestantische Arbeiter und Unternehmer, Bauern und Großgrundbesitzer zusammenhalten müßten. Protestantische Unternehmer sicherten den Orange-Orden-Mitgliedern Arbeitsplätze, die Arbeiter verzichteten dafür auf größere Lohnkämpfe. Als Ablehnungsgrund bei der Einstellung reichte die Bemerkung »Religion«, also katholisch, aus. In der größten Werft Belfasts, Harland und Wolf, waren zu Sadies Zeit (um 1970) von 10 000 Arbeitern 400 Katholiken. Weil in den sechziger Jahren in Asien (Japan, Indien) mit billigen Arbeitskräften Schiffe und Leinen billiger hergestellt werden konnten, brachen die Werften immer mehr zusammen, und die Leinenindustrie wurde zusätzlich durch die Herstellung künstlicher Fasern geschwächt. So konnten die protestantischen Unternehmer nicht einmal ihren Leuten die Arbeitsplätze sichern. Die Arbeitslosigkeit unter den Katholiken war jedoch doppelt so hoch. In dem Staat, in dem sich Religion und Politik nicht mehr voneinander trennen ließen, bestanden die Kirchen auf ihrem Einfluß. Daraus erklärt sich auch die für hiesiges, *heutiges Empfinden sehr traditionelle Vorstellung von der Rollenaufteilung zwischen Mann und Frau, Junge und Mädchen. Das gesamte Erziehungswesen ist stark religiös geprägt. Die katholische Kirche weigerte sich unter den gegebenen Umständen, katholische Kinder auf nicht katholische Schulen gehen zu lassen. Deswegen konnten sich Kevin und Sadie auch in der Schule nicht kennenlernen, obwohl sie dicht beieinander wohnten. Von klein auf werden die Bevölkerungsgruppen voneinander getrennt. Das setzt sich fort bis zu den Erwachsenen, wo die Kirchenfürsten mit den jeweiligen Politikern ihrer Gruppe eng zusammenarbeiten.*

Wenige Schulmodelle in Belfast bilden eine Ausnahme. Aber selbst wenn die Kinder gemeinsam zur Schule gehen, leben sie getrennt, und die wirtschaftliche und politische Spaltung des Landes läßt sich dadurch nicht aufheben. Nur wenn eine politische Lösung gefunden werden könnte, in der die Katholiken wirklich gleichberechtigt sind – nicht nur auf dem Papier –, werden in Nordirland die Jugendlichen unterschiedlicher Religion zusammenleben können.

WIELAND GIEBEL